Westseite des Residenzschlosses

Voherige Doppelseite: Blick vom Turm der Kreuzkirche auf den Altmarkt

Jürgen Helfricht

Kleines Dresden-ABC

Husum

Altmarkt

Dresdens ältester Platz (1370 als „circulus“ erwähnt) und Kristallisationskern der mittelalterlichen Stadt ist der Altmarkt. Über Jahrhunderte war er wirtschaftlicher und gesellschaftlicher Mittelpunkt der Residenz. Montags – und nach der Eingemeindung Altendresdens im Jahre 1549 auch freitags – wurde hier bis 1893 Wochenmarkt abgehalten. Auf dem Platz, unter dem sich seit 2008 eine Tiefgarage mit 473 Plätzen erstreckt, finden der traditionsreiche →*Striezelmarkt* sowie die Frühlings- und Herbstmärkte statt. Das alte Rathaus an der Nordseite (1295 erstmals erwähnt, 1473 u. 1564 umgebaut, im 18. Jahrhundert dreigeschossiger Renaissancebau) beherbergte zuerst

Altmarkt mit Kaufhäusern um 1930

auch die Gewand-, Schuh-, Brot-, Fleisch- und Fischbänke. In Untergeschoss und Anbauten befanden sich u. a. eine Trinkstube und die Ratswaage. 1707 abgerissen, errichtete Johann Christoph Knöffel (1686–1752) von 1741 bis 1745 das Rathaus im Barockstil neu (1945 zerstört, Trümmer 1949 beseitigt). Die moderne Großstadt ließ bereits 1910 an der Westseite des Marktes das Neue →*Rathaus* mit dem 98 Meter hohen Rathausturm entstehen. Im Jahre 1746 wurde an der Südseite des Altmarktes das Chaisenhaus für die 1705 gegründeten Chaisenträger erbaut (1878 abgerissen), die einst Sänften trugen und heute noch als Ratschaisenträger zu Dresden e. K. schwere Lasten wie Tresore und Klaviere befördern. Am Marktrand stand seit 1653 der 1888 abgetragene Justitia-Brunnen. In der Altmarktmitte wurde 1880 das Sieges- bzw. Germania-Denkmal von Robert Henze (1827–1906) aufgestellt. Nach 1850 etablierten sich Banken, Restaurants und Kaufhäuser wie das „DEFAKA" (Deutsches Familien-Kaufhaus) oder das „Herzfeld". Noch heute erinnern sich alte Dresdner gern, wie sie im legendären „Kaufhaus Renner" mit 1200 Angestellten, 55 Fachabteilungen und den ersten elektrischen Rolltreppen „auf Nase" (auf Pump) einkaufen konnten. Überlebt hat am Altmarkt von den alten Geschäften nur die Konditoren-Dynastie Kreutzkamm, die seit 1878 – heute in fünfter Generation – eine Filiale besitzt. Der im →*Inferno vom 13./14. Februar 1945* völlig zerstörte Platz erhielt ab 31. Mai 1953 (Westseite, später Ostseite) durch die Bebauung mit Wohn- und Geschäftshäusern wieder einen Rahmen. 1969 schloss der Kulturpalast die Nordseite ab und ab 1997 schloss man auch die Südseite vor der →*Kreuzkirche*. Seit 2002 lädt außerdem die hinter der östlichen Häuserzeile gelegene „Altmarkt-Galerie" (2011 erweitert entlang der Wilsdruffer Straße, 48 000 qm Verkaufsfläche, ca. 200 Geschäfte) zum Einkaufen und Verweilen ein.

Das 1880 errichtete Sieges- bzw. Germania-Denkmal

Blasewitz

Der historische Villenvorort (erstmals 1349 erwähnt, 1921 eingemeindet) links der Elbe ist durch die Brücke →*Blaues Wunder* mit dem rechtselbischen Stadtteil →*Loschwitz* verbunden. In der Gründerzeit entstanden in Blasewitz, das 1872 an die Pferdebahn und 1893 an die erste elektrische Straßenbahn Sachsens (fuhr vom Dresdner Schlossplatz bis zum Schillerplatz) angeschlossen wurde, viele prachtvolle

Die „Gustel von Blasewitz" am Blasewitzer Rathaus

Villen. Sie gruppieren sich z. B. um den 23 Hektar großen Waldpark Blasewitz, den Arthur Willibald Königsheim (1816– 1886) ab 1869 im Blasewitzer Tännicht anlegen ließ. Zentraler Platz ist mit zahlreichen Geschäften und dem Einkaufszentrum „Schillergalerie" der Schillerplatz. Er erinnert wie das Traditionsrestaurant „Schillergarten" an den Fürst der deutschen Klassiker Friedrich Schiller (1759–1805). Auf Einladung Gottfried Körners (1756–1831), Vater des Dichters der Befreiungskriege Theodor Körner (1791–1813), wohnte er u. a. in Körners Loschwitzer Sommer- und Gartenhaus. Hier vollendete er den „Don

An der Rampe zum Blauen Wunder steht die „Villa Marie".

Erholung pur bietet die Elbaue von Blasewitz.

Carlos" und schrieb die „Ode an die Freude". Mit der bis zum Brückenbau existierenden Elbfähre fuhr Schiller regelmäßig nach Blasewitz, wo er in der Schänke am Ufer die Gastwirtstochter Justine Segedin (1763–1856) kennenlernte. Ihr setzte er in „Wallensteins Lager" als Marketenderin Gustel ein literarisches Denkmal mit den Worten: „Was? Der Blitz! Das ist ja die Gustel aus Blasewitz!" Freizeit, Erholung und Sport dienen z. B. die Elbaue, der Elbradweg, das Ruderzentrum Blasewitz mit Regattastrecke und die Tennisplätze im Waldpark. Mit der „Alexander-Frantz-Sternwarte" (Hofmannstraße 11) schuf Alexander Frantz (1886–1962) im Jahre 1922 eines der ältesten noch erhaltenen privaten Himmelsobservatorien Europas.

„Villa Illgen" an der Loschwitzer Straße von 1891

B

Blaues Wunder & andere Brücken

Als König-Albert-Brücke am 15. Juli 1893 für den Verkehr freigegeben und heute offiziell als Loschwitzer Brücke bezeichnet, nennt der Dresdner das →*Loschwitz* und →*Blasewitz* verbindende Stahl-Bauwerk nur „Blaues Wunder". Seit Jahrzehnten währt der Streit, wie es zu dieser Namensgebung kam. Einem hartnäckigen Gerücht entsprechend, soll die Brücke (größte Spannweite 146 Meter, Gesamtlänge 296 Meter, Gesamtkosten 2,265 Millionen Mark) ur-

Blaues Wunder und Loschwitzer Elbhänge

sprünglich einen grünen Farbanstrich bekommen haben. In der Mischung aus Kobaltblau und Chromgelb habe das Gelb der Sonneneinstrahlung und Umwelteinwirkungen nicht standhalten können. So sei aus der grünen Brücke das „Blaue Wunder" geworden. Aber dem widerspricht eine Zeitungsnotiz des „Dresdner Anzeigers" vom 25. April 1893, die von drei Farbschichten in einem hellblauen Farbton für 57 000 Mark spricht. Auf jeden Fall konstruierte Klaus Köpke (1831–1911) die steife Hängebrücke mit drei Gelenken in der Mittelöffnung und Aemil Hugo Ringel (1853–1912) die Ankerkammern sowie Zufahrtsstraßen. Das imposante Bauwerk ist 24 Meter hoch und 11 Meter tief gegründet. Die „Sächsische Eisenkompanie AG" lieferte ab 1891 die vorgefertigten Teile aus 3800 Tonnen basischem Siemens-Martin-Stahl, die mit 97 Tonnen Nietmaterial verbunden wurden. Rund 2000 Arbeiter waren bis zur Belastungsprobe am 11. Juli 1893 (zu den 157 Tonnen Gewicht zählten u. a. 3 Dampfwalzen, 1 voll besetzter Pferdebahnwagen, 1 Kompanie Dresdner Jägerbataillons, 150 Passanten) auf

Das Blaue Wunder verbindet die Stadtteile Loschwitz (vorn) und Blasewitz.

Salonschiff „August der Starke" elbaufwärts unter dem Blauen Wunder

und 8,5 Meter Breite gehörte sie zu den größten Brücken im damaligen Europa. 1852 entstand die Marienbrücke, neben welcher man 1901 ein paralleles Bauwerk für den Eisenbahnverkehr schuf (2004 erneuert). 1875 wurde die Eisenbahnbrücke Niederwartha in Betrieb genommen (1983 erneuert), 1877 die

der Großbaustelle beschäftigt. Mehrere mutige Dresdner verhinderten Anfang April 1945, unabhängig voneinander, die Sprengung der Brücke. Das „Blaue Wunder" ist allerdings nur eine von elf Dresdner Brücken. Schon 1285 existierte an der Stelle der heutigen Augustusbrücke (1727 errichtet, 1907 bis 1910 erneuert) im Stadtzentrum eine Flussquerung aus Stein. Mit 24 Bögen, 561 Meter Länge

Albertbrücke und 1895 die Carolabrücke (nach Kriegszerstörung 1971 neu errichtet). Die Flügelwegbrücke existiert seit 1930 (Neubau 2004), eine Elbbrücke für den Autobahnverkehr seit 1936 (1998 neu). Im Jahre 2011 konnte die Straßenbrücke Niederwartha in Betrieb genommen werden. Der jüngste Brückenbau ist die 2013 fertiggestellte →*Waldschlösschenbrücke.*

Brühlsche Terrasse

An der Elbe, direkt über den Anlegestellen der →*Sächsischen Dampfschiffahrt* am Terrassenufer, liegt die vom Dresdner großzügig „Balkon Europas" genannte Anlage. Das rund 500 Meter lange, bis zu 10 Meter hohe und zwischen 20 und 200 Meter breite Areal vereint wichtige Zeugnisse aus verschiedenen Epochen der Stadtgeschichte. Gleichzeitig ist es die beliebteste Flaniermeile mit reizvollen Ausblicken über die Stadt und ihre Umgebung. Die Terrasse schließt Teile der im 16. Jahrhundert angelegten Festungsanlagen mit den →*Kasematten* ein. An die 7 Hauptbastionen, die 1721 nach Planeten benannt wurden, erinnert das 1990 von Vinzenz Wanitschke (1932–2012) aufgestellte Planetendenkmal. 1589/1622 erbaute Giovanni Maria Nosseni (1544–1620) an der Nordostecke das erste Belvedere, an dessen Stelle 1749/51, 1814 und 1842 Nachfolgebauten (1945 zerstört) kamen. Das letzte Belvedere schuf Otto von Wolframsdorf (1803–1849). Direkt daneben befindet sich die Jungfernbastei. In deren Gewölben gelang 1709 Johann Friedrich Böttger (1682–1719) auf der Basis von Erkenntnissen des Ehrenfried Walther von Tschirnhaus (1651–1708) die Erfindung des ersten europäischen Porzellans – des Meissener Porzellans® (seit 1710 in Meißen produziert). Zwischen 1739/48 schenkte Kurfürst Friedrich August II. (1696–1763) den elbseitigen Festungsteil seinem Premierminister Heinrich Graf von Brühl (1700–1763), der hier von Gottfried Knöffler

Bronzeguss „Der Tag mit Arbeit und Streben"

Kunstausstellungsgebäude und Kunstakademie auf der Brühlschen Terrasse

(1715–1779) prächtige Bauten (Palais Brühl, Brühlsche Bibliothek, Brühlsche Galerie, zweites Belvedere, Brühlscher Garten) errichten ließ. Heute erinnern lediglich der Delphinbrunnen (um 1750), zwei Sphinxgruppen und ein Bassin an diese Schöpfungen. 1814 ließ der russische Gouverneur Nikolai Grigorjewitsch Fürst von Repnin-Wolkonski (1778–1845) die große Freitreppe zum Schlossplatz anlegen und die Terrasse der Öffentlichkeit zugänglich machen. Die Skulpturen „Vier Tageszeiten" an der Treppe schuf 1863/ 68 Johannes Schilling (1828–1910). Später baute man Treppenanlagen zur Terrassen- und Münzgasse (1848) sowie zum Georg-Treu-Platz (1890/ 94), schuf Durchbrüche an der Münzgasse (1878) und an der Brühlschen Gasse (1900) zur Elbe. Alle Brühlschen Gebäude mussten nach und nach weichen: der 1885/ 94 erbauten Kunstakademie mit Ausstellungsgebäude von Constantin Lipsius (1832–1894), der 1897 gebauten Sekundogenitur (Besitz des zweitgeborenen Prinzen, seit 1990 zum Hotel Hilton gehörend) und dem Ständehaus, in dem sich der Land-

Gedenksäule für Johann Friedrich Böttger

tag versammelte. Dies errichtete Paul Wallot (1841–1912) in den Jahren 1901/07. Es beherbergt heute u. a. Sachsens Oberlandesgericht. Das alte Zeughaus wurde 1884/87 zum Albertinum (seit 1959 Ausstellungsgebäude und Depot der Staatlichen Kunstsammlungen) umgebaut. In die ehemalige Hofgärtnerei und den darunterliegenden Kanonenhof zog ab 1956 die Evangelisch-reformierte Gemeinde zu Dresden, die hier ihre Kirche einrichtete und auch ein Seniorenheim betreibt.

Die Freitreppe zur Brühlschen Terrasse wurde 1814 angelegt.

Das vierte Belvedere nach 1862 auf einem Aquarell

Christstollen, Eierschecke & Co.

Die Tradition, den berühmten Christstollen zu backen, ist über 700 Jahre alt. Historiker verfolgen den Weg dieses edlen Weihnachtsgebäcks, das in Sachsens Landeshauptstadt auch „Christbrod", „Striezel", „Strozel" oder „Strutzel" genannt wurde, bereits bis in das Jahr 1329 zurück. Ein „Christbrod" tritt im Jahre 1474 auf der Rechnung des christlichen Bartholomäus-Hospitals an den Dresdner Hof als Fastengebäck aus dem Dunkel der Geschichte heraus. Der „Strozel" ist 1486 erstmals urkundlich erwähnt. Die Schlemmerei gehörte zu den sogenannten Gebildbroten. Volkskundliche Deutungen sehen in dem mit feinem Zucker überpuderten Laib ein Symbol für das gewickelte Christkind. Nach dem Dogma der Kirche durfte der Stollen einst nur aus Mehl, Hefe, etwas Öl und Wasser gebacken werden. Ohne Butter war der Striezel aber ein fades Gebäck. Erst Papst Innocenz VIII. (1432–1492) ließ sich am 10. Juli 1491 erweichen, das Butterverbot während der 40-tägigen Fastenzeit bis Heiligabend aufzuheben. Die 20 Jahre gültige Erlaubnis ging als

Dresdner Eierschecke versüßt jede Kaffeetafel.

Der weltberühmte Dresdner Christstollen®

„Butterbrief" in die Geschichte ein. Er verband den Erlass jedoch mit Zahlung einer Buße. Dieses „Buttergeld" kam u. a. der Basilika in Rom, dem Freiberger Dom und auch dem Wiederaufbau der beim Stadtbrand am 15. Juni 1491 zerstörten Dresdner →*Kreuzkirche* zugute. Eine Urkunde von anno 1499 berichtet über die viel köstlicheren „Strutzelwahen", für welche Dresdner Bäcker mit gutem Gewissen und Gottes Segen Butter und feine Zutaten wie Rosinen, Mandeln und Früchte verwenden durften. Auch dem Dresdner →*Striezelmarkt* gab der Stollen bzw. der Striezel seinen Namen. Die Ausgewogenheit der feinen, klar definierten Zutaten erhielt der weltberühmte Dresdner Stollen® im 19. Jahrhundert. Zur Mythenbildung des Gebäcks trug zudem 1938 das Büchlein „Vom Königlichen Kindlein. Geschichten um den Christstollen" von Lenelies Pause bei. Seit 1991 vertritt der Schutzverband Dresdner Stollen e. V. die Interessen von gegenwärtig etwa 130 Stollen-Bäckereien und -Konditoreien aus dem Großraum Dresden. Nur diese dürfen den patentrechtlich als Markenprodukt und geografische Herkunftsbezeichnung geschützten Original

Auch das Russisch Brot kommt aus Dresden.

Dresdner Christstollen®, dessen Qualität das goldene Dresdner Stollensiegel zertifiziert, exklusiv backen. Weitere original Dresdner Backspezialitäten sind die Dresdner Eierschecke – ein mit Eierschaumdecke überzogener Quarkkuchen, der Dresdner Prasselkuchen, Dresdner Baumkuchen, Dresdner Lebkuchen, der vom Dresdner Schokolatier und Pralinenmacher Herbert Wendler (1912–1998) um 1936 erfundene Dominostein oder das seit dem 19. Jahrhundert hier fabrizierte Russisch Brot (Patience), für dessen Herstellung ein Team um den sächsischen Spezialitätenbäcker Dr. Hartmut Quendt (geb. 1940) im Jahre 1989 ein völlig neues Herstellungsverfahren entwickelte.

D

Deutsches Hygiene-Museum

Den Anstoß für die Gründung gab 1911 die I. Internationale Hygiene-Ausstellung (Weltausstellung für Gesundheitspflege auf 320 000 Quadratmeter an der Stübelallee, über 50 Hallen mit Exponaten von 11 Nationen). Der durch das Mundwasser „Odol" bekannte Fabrikant Karl August Lingner (1861–1916) organisierte nicht nur diese Ausstellung, er legte 1912 auch die „Denkschrift zur Errichtung eines National-Hygiene-Museums in Dresden" vor – die Gründungsurkunde für das Deutsche Hygiene-Museum als Volksbildungsstätte für Gesundheitspflege und die Sammlung „Der Mensch". Ein erster fester Museumsbau in Zwinger-Nähe, für den 1919 ein Wettbewerb ausgeschrieben war, zerschlug sich durch Verlust des Museumskapitals in der Inflation. Für die 1930 geplante II. Internationale Hygiene-Ausstellung errichtete dann Wilhelm Kreis (1873–1955) auf drei Hektar des Blüherparkes von Oktober 1927 bis zur Eröffnung am 16. Mai 1930 das Deutsche Hygiene-Museum (Lingnerplatz 1). Der durch Kopf- und Flügelbauten sphinxhaft gelager-

Deutsches Hygiene-Museum in Dresden

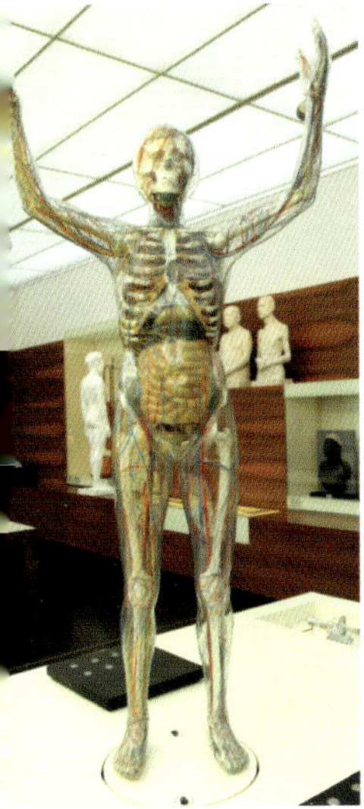

1935 wurde die „Gläserne Frau" hier geboren.

te Monumentalbau (160 000 Kubikmeter umbauter Raum) mit Achsenbeziehung zum Palais im →*Großen Garten* hatte lichtdurchflutete, großzügige Ausstellungsräume mit expressiven Rundfenstern zum Park. Nach der Zerstörung am 13. Februar 1945 erfolgten im Haus zahlreiche bauliche Veränderungen. Diese wurden jüngst unter architektonischer Leitung von Peter Kulka (geb. 1937), der das Gebäude im Wesentlichen auf den Zustand von 1930 zurückführte, entfernt. Das der Stiftung Deutsches Hygiene-Museum gehörende Haus verfügt über 30 000 Objekte zur Geschichte der Gesundheitsaufklärung und Gesundheitspflege, von denen biologisch-anatomische Anschauungsmittel wie die „Gläserne Frau" Berühmtheit erlangten.

Dichter und Schriftsteller

Hunderte Dichter, Denker und Schriftsteller – von denen nur eine kleine Auswahl erwähnt werden kann – lassen sich seit Jahrhunderten von Dresden inspirieren. Für einige stand hier die Wiege, andere verlebten Tage, Monate, ja Jahre in der Elbestadt, verewigten sie in ihren Werken. Wie Johann Gottfried Herder (1744–1803), der Dresden in seinem Todesjahr besuchte und auf den der Beiname „Deutsches Florenz" oder „Elbflorenz" zurückgeht. Literaturnobelpreisträger Gerhart Hauptmann (1862–1946) hielt sich

Giovanni Giacomo Casanova

Schiller-Denkmal am Albertplatz

oft in Dresden auf. Zuletzt vom 5. Februar bis 20. März 1945 in Weidners Sanatorium in Oberloschwitz, von wo aus er das →*Inferno* vom *13./14. Februar 1945* erlebte und schrieb: „Wer das Weinen verlernt hat, der lernt es wieder beim Untergang Dresdens …" Giovanni Giacomo Casanova (1725–1798) weilte mehrfach in der Stadt. Hier lebten seine Mutter, Schwester und sein Bruder, hatte er pikante Abenteuer, die er in der „Geschichte meines Lebens" erwähnt. Friedrich Schiller (1759–1805) war vom 11. September 1785 bis 20. Juli 1787 in Dresden. Er wohnte u. a. in Körners Sommer- und Gartenhaus (Gedenkstätte Schillerhäuschen, Schillerstraße 19) in →*Loschwitz* und war von der Wirtstochter Justine Segedin (1763–1856) so fasziniert, dass sie in „Wallensteins Lager" Eingang fand (siehe →*Blasewitz*). Zur Dresdner Standardliteratur zählen die 1870 verfassten „Jugenderinnerungen eines alten Mannes". Autor Wilhelm von Kügelgen (1802–1867) war der älteste Sohn des Malers Gerhard von Kügelgen (1772–1820). Vom Loschwitzer Weinberg nach Dresden laufend, wurde er am 27. März 1820 ermordet. Wohnraum und Atelier von Maler Kügelgen sind im Museum der Dresdner Frühromantik (Kügelgenhaus, Hauptstraße 13) nachgestaltet. Der Exil-Pole Josef Ignacy Kraszewski (1812–1887) weilte von

Josef Ignacy Kraszewski

1863 bis 1884 in Dresden (Nordstraße 28, heute Kraszewski-Museum), schrieb hier u. a. seine populäre Sachsen-Trilogie „Gräfin Cosel", „Brühl" und „Aus dem Siebenjährigen Krieg". Karl May (1842–1912) war zwischen 1875 und 1888 Dresdner, schuf in dieser Zeit die Frühwerke seiner Reise- und Indianererzählungen. Der weltbekannte Autor des Kinderbuches „Emil und die Detektive", Erich Kästner (1899–1974), verlebte Kindheit und Jugend in Dresden, die er 1957 in „Als ich ein kleiner Junge war" nochmals Revue passieren ließ (Kästner-Museum, Antonstraße 1). Auf Distanz zu seiner adligen Dresdner Vergangenheit ging Arnold Vieth von Golßenau (1889–1979), der als Ludwig Renn publizierte, u. a. in dem autobiografischen Roman „Adel im Untergang". Durch die Arbeit „Notizbuch eines Philologen LTI" sowie seine Tagebücher erlangte Victor Klemperer (1881–1960) literarische Berühmtheit. 1990 wurde die Gedenkstätte Collenbuschstraße 4 im letzten Wohnhaus des dänischen Schriftstellers Martin Andersen-Nexö (1869–1954) aufgelöst, der mit Unterbrechungen ab 1949 in Dresden lebte und sich durch sozialkritische Werke wie „Pelle der Eroberer" oder „Ditte Menschenkind" weltweit einen Namen gemacht hatte. Zur Schullektüre in der DDR gehörten auch Kinderbücher wie „Buttje Pieter und sein Held" von Max Zimmering (1909–1973), der bis zu seinem Tode am →*Weißen Hirsch* wohnte. Zu den wichtigsten heutigen Dresdner Schriftstellern zählen Volker Braun (geb. 1939, „Hinze-Kunze-Roman"), Thomas Rosenlöcher (geb. 1947, „Die verkauften Pflastersteine") und Uwe Tellkamp (geb. 1968, „Der Turm").

Bronzeplastik auf der Mauer des Erich-Kästner-Museums

Die Herkuleskeule

Kabarett vom Feinsten bietet seit dem ersten Premierenprogramm „Keine Witzbeschwerden" 1961 das mittlerweile im ganzen deutschen Sprachraum bekannte Berufstheater „Die Herkuleskeule". Gründer Manfred Schubert (geb. 1924) holte 1970 Wolfgang Schaller (geb. 1940) aus Görlitz als Dramaturg und Autor nach Dresden. Vor allem die vom Autorenteam Schaller und Peter Ensikat (1941–2013) verfassten Stücke machten die Herkuleskeule zu einem der wichtigsten politischen Kabarett-Theater der DDR. Ihre Politrevuen wie „Bürger, schützt eure Anlagen" wurden an vielen DDR-Theatern nachgespielt und sorgten sogar in der Bundesrepublik für eine Popularisierung des Dresdner Hauses. Noch vor der Maueröffnung gastierte man im saarländischen St. Ingbert und im Münchner Residenztheater. Auch Wolfgang Stumph (geb. 1946), Uwe Steimle (geb. 1963) oder Manfred Breschke (geb. 1952) waren Mitglieder des Ensembles. Seit 1986 ist Schaller künstlerischer Leiter. Ab 1997 ebenfalls Intendant, trat er 2012 die Geschäftsführung an Rainer Bursche (geb. 1949) ab, der diese 2014 an Uwe Klein (geb. 1960) übergab. Heute finden in dem Kabarett-Theater (Sternplatz 1), das nach dem Kulturpalast-Umbau in diesem seine neue Heimat am →*Altmarkt* bekommt, etwa 350 Vorstellungen jährlich statt. Dazu kommen pro Jahr 120 Gastspiele des neunköpfigen Ensembles.

Birgit Schaller und Rainer Bursche in „Café Sachsen"

Dresden in Zahlen

Das Dresdner Stadtwappen zeigt auf goldenem Grund einen rot bezüngten und bewehrten schwarzen Meißener Löwen, daneben zwei schwarze Landsberger Pfähle.

Laut Elbpegel liegt die Landeshauptstadt Dresden 102,73 m über NN, der Altmarkt 113 m über NN. Dresdens höchster Punkt befindet sich auf dem Triebenberg mit 383 m über NN. Die tiefste Stelle liegt im Stadtteil Cossebaude mit nur 101 m über NN. Am 1. Januar 2014 hatten 535 810 Bürger ihren Hauptwohnsitz in Dresden. 271 464 Frauen stehen 264 346 Männer gegenüber. Die 49 183 Gewerbebetriebe entfallen zu rund 24,4 Prozent auf den Handel, 13,4 Prozent auf das Handwerk, 1,4 Prozent auf Industrie und 60,8 Prozent auf Dienstleistungen und sonstige. In Dresden existieren 34 Theater und Spielstätten wie die Sächsische Staatsoper Dresden (→*Semperoper*), das Staatsschauspiel Dresden, die →*Staatsoperette Dresden*, das Theater Junge Generation/Puppentheater, das Kabarett →*Die Herkuleskeule* oder das Societätstheater. Es gibt etwa 80 Bibliotheken und Archive, darunter das Sächsische Hauptstaatsarchiv Dresden und die Sächsische Landesbibliothek – Staats- und Universitätsbibliothek Dresden. Zum kulturellen Leben gehören auch rund 300 Kultur- und Kunstvereine. Mit 62 Prozent Wald- und Grünfläche ist Dresden eine der grünsten Städte Europas. Dazu tragen 3 Naturschutzgebiete (241 ha), 10 Landschaftsschutzgebiete (12 150 ha), 10 Flora-Fauna-Habitate (1903 ha), 374 Kleingartenanlagen (783 ha), Rebhänge (34,52 ha), 51 267 Straßenbäume und ca. 900 öffentliche Spielplätze bei. Dresden hat 134 Schulen in kommunaler und 42 Schulen in freier Trägerschaft sowie 3 Schulen in Landesträgerschaft. In sieben Krankenhäusern existieren 3555 Betten. Neben zwei Stadien (Glücksgas-Stadion, Heinz-Steyer-Stadion) gibt es u. a. 44 Sportanlagen, 195 Sporthallen, 9 Freibäder, 4 Hallenbäder, 2 Hallen-Frei-Bäder, eine Sprunghalle. Im Jahre 2013 zählte Dresden rund 4,13 Millionen Übernachtungen. 199 Hotels, Gasthöfe, Pensionen, Jugendherbergen und Hostels bieten 22 782 Betten.

Dresdner Heide

52 Quadratkilometer umfasst Dresdens im Norden der Stadt liegende „grüne Lunge" – ein großes zusammenhängendes Waldareal (längste OW-Ausdehnung 16 km, NS-Ausdehnung 7 km). Dazu kommen noch sieben Quadratkilometer der Jungen Heide. Als Landschaftsschutzgebiet wurden 2008 durch Einbeziehung ehemals militärisch genutzten Gebietes sogar 6133,2 Hektar ausgewiesen. Vom Ursprung ein Mischwald (u. a. Nadel-Laub-Mischwald, Nadelmischwald, Kiefer-Birken-Wald) ließ die Nutzung als Forstwald Monokulturen (Kiefer und Fich-

Spaziergänger können in der Dresdner Heide oft Wild beobachten.

te) gegenüber Laubgehölzen wie Rotbuche und Stieleiche (unter 10 Prozent) dominieren. Die Dresdner Heide erstreckt sich zu 90 Prozent über der Lausitzer Granitplatte. Höchste Erhebung ist der 280,5 Meter hohe Dachsenberg im NO. Der 211 Meter hohe Wolfshügel zwischen Bautzner Straße und Fischhaus beherbergt die Ruine eines 10 Meter hohen Aussichtsturms von Hans Erlwein (1872–1914) von 1912, der Anfang Mai 1945 gesprengt wurde. Es existieren zahlreiche Quellen (Schwestern- und Degelequelle im Stechgrund, Melzerquelle im Prießnitzgrund), einige Teiche (Forellenteich bei Langebrück, Kleiner Silbersee bei Klotzsche, Staubecken im Bühlauer Revier) und Bäche wie die 24 km lange Prießnitz (mündet bei der Holzhofgasse in die Elbe), der Stechgrundbach (mündet bei Loschwitz in die Elbe) und der Eisenbornbach (mündet an der Saloppe in die Elbe). Die rechtwinklig zueinander angeordneten Flügel und Schneisen gehen auf den Forstmann Heinrich Cotta (1763–1844) zurück, der bis 1833 dieses Wegesystem als drittes neben zwei älteren schuf. Gehörten in vorgeschichtlicher Zeit Auerochse, Wisent, Elch und Wildpferd zur Fauna (1612 letzter Bär gejagt), zählte man

Aussichtsturm auf dem Wolfshügel vor der Sprengung 1945

1932 noch 15 Säugetier-, 56 Vogel-, 6 Kriechtier- und 5 Lurcharten. Seit 1827 verringert sich die Waldfläche z. B. durch Anlage des Hellers (militärisches Übungsgelände). An Gaststätten kennt der Dresdner das Fischhaus (seit 1573), die Heidemühle (seit 1843) und die Hofewiese (seit 1869).

Dresdner Musikfestspiele

In der Hauptstadt des Musiklandes Sachsen entwickelte sich auch eine herausragende Festspieltradition. Die 1978 ins Leben gerufenen Dresdner Musikfestspiele sind seit dem Publikumsrekord mit 150 000 Besuchern 2003 eins der größten klassischen Musikfestivals Deutschlands. Auf der Route zwischen Wien, Salzburg, Prag und Bayreuth gelegen, reisen viele Festivalgäste aus aller Welt an. Die Festspiele stehen in jedem Jahr unter einem anderen Motto, bieten musikalische Reihen, Opern, Ballette und Volksfeste an wichtigen Theatern und in Konzertsälen Dresdens sowie Open Air. Neben Orchester- und Kammermusik gehören Alte Musik, Weltmusik und Jazz zum Repertoire. Prägend für das Festival ist, dass sich bedeutende einheimische Ensembles wie die Sächsische Staatskapelle (siehe →*Semperoper & Sächsische Staatskapelle*), der 800 Jahre alte Dresdner →*Kreuzchor* oder die →*Dresdner Philharmonie* an exponierter Stelle beteiligen. Hier gastierten Gesangsstars, Dirigenten und Orchester wie René Kollo (geb. 1937), Barbara Hendricks (geb. 1948), Dietrich Fischer-Dieskau (1925–2012), die Berliner Philharmoniker unter Herbert von Karajan (1908–1989), das Orchester der Mailänder Scala

Open-Air-Konzert auf dem Schlossplatz

Jan Vogler leitet die Dresdner Musikfestspiele seit 2009.

unter Claudio Abbado (1933–2014) oder das New York Philharmonic Orchestra unter Zubin Mehta (geb. 1936). Im Verlauf ihrer Geschichte präsentierten die Festspiele mehr als 100 Uraufführungen wie die Opern „Der zerbrochene Krug" von Viktor Ullmann (1898–1944) oder „Farinelli" von Siegfried Matthus (geb. 1934). Intendanten: 1977–1991 Dr. Winfried Höntsch (geb. 1930); 1991–1993 Mattis Dänhardt (geb. 1958); 1993–2000 Dr. Michael Hampe (geb. 1935); 2001–2002 Torsten Mosgraber (geb. 1966); 2002–2008 Prof. Hartmut Haenchen (geb. 1943), seit 2009 der Cellist Jan Vogler (geb. 1964).

Dresdner Philharmonie

Mit jährlich über 80 Konzerten prägt die Dresdner Philharmonie als Konzertorchester der sächsischen Landeshauptstadt das hiesige Kulturleben und zählt neben der Sächsischen Staatskapelle (siehe →*Semperoper & Sächsische Staatskapelle*) zu Deutschlands führenden Orchestern. Sie ging aus einer 450-jährigen Ratsmusiktradition hervor. Am 29. November 1870 eröffnete der Dresdner Gewerbeverein vis-à-vis vom →*Zwinger* ein Vereinshaus. Der 2000 Plätze umfassende Vortragssaal war als Konzertsaal und Heimstatt des 50 Musiker zählenden Gewerbehausorchesters konzipiert. Bereits 1885 wurden „Philharmonische Konzerte" veranstaltet und bei der Konzertreise durch die USA im Jahre 1909 bezeichnete sich der Klangkörper erstmals als „The Dresden Philharmonic Orchestra". Ab 1915 führte er den Namen „Dresdner Philharmonisches Orchester" und seit 1924 heißt er „Dresdner Philharmonie". 1890 in ein Privatunternehmen und 1924 in eine Genossenschaft umgewandelt, kam die Philharmonie 1937 unter städtische Verwaltung. Johannes Brahms

Prof. Peter Schreier dirigiert die Dresdner Philharmonie.

(1833–1897), Peter Tschaikowski (1840–1893), Antonin Dvořák (1841–1904) und Richard Strauss (1864–1949) führten eigene Werke mit dem heute 116 Musiker zählendem Orchester auf, von dem zahlreiche Schallplatten- und CD-Einspielungen vorliegen. Im September 1944 wurde nach Proklamierung des „totalen Krieges" auch die Dresdner Philharmonie aufgelöst, die jedoch bereits am 8. Juni 1945 wieder ihr erstes Konzert veranstaltete. Seit Oktober 1969 ist ihre Heimstatt der Dresdner Kulturpalast am →*Altmarkt* (während der gegenwärtigen Bauarbeiten gibt es Ausweichspielorte). Angeschlossen sind die Philharmonischen Chöre. Chefdirigenten der letzten Jahre: 2001–2003 Marek Janowski (geb. 1939), 2003–2011 Rafael Frühbeck de Burgos (geb. 1933), seit 2011 Michael Sanderling (geb. 1967).

Elbe

Das Flair Dresdens wird in besonderem Maße auch durch die Elbe bestimmt. Der 1094,3 Kilometer lange Strom entspringt im Riesengebirge 1386,3 Meter über dem Meeresspiegel, vereinigt sich bei Melnik mit der Moldau, durchbricht das Böhmische Mittelgebirge und die Sächsisch-Böhmische Schweiz. Dann durchfließt er die 40 Kilometer lange Elbtalweitung zwischen Pirna und Meißen, erreicht nördlich von Meißen das norddeutsche Flachland und mündet bei Cuxhaven in die Nordsee. Im Dresdner Stadtgebiet (30 Kilometer Flusslauf) umströmt die Elbe die 970 Meter lange und 204 Meter breite Pillnitzer Elbinsel (10,5 Hektar Totalreservat), wo sich 180 Pflanzenarten wie das seltene Fluss-Greiskraut und die echten Schwarzpappeln erhalten haben, Graureiher, Biber und Fischotter heimisch sind. Dann fließt die Elbe schleifenförmig um die beiden durch Prießnitz und Weißeritz gebildeten Schuttkegel. Wird

Das barocke Dresden spiegelt sich bei Nacht im Fluss.

sie im Stadtgebiet weitgehend vom Landschaftsschutzgebiet Dresdner Elbwiesen und Altarme, bebauten Hängen und Rebterrassen umrahmt, so erhebt sich die berühmte Silhouette der Altstadt mit der →*Brühlschen Terrasse* unmittelbar über dem 120 Meter breiten Fluss. Als Entlastungskanäle für Elbhochwasser wurden 1918/21 die Neustädter und 1906/10 die Altstädter Flutrinne angelegt. Im Altstädter Elbbogen befindet sich das Ostragehege. Die einst von Tümpeln durchsetzte Wiesenlandschaft wurde u. a. 1906/13 durch den Bau des damals größten Vieh- und Schlachthofes (heute Messe Dresden), des König-Albert-Hafens (1891/95, 1100 Meter langes Hafenbecken) und der Hafenmühle zu einem Industriestandort. Im Ostteil entstanden Sportstätten u. a. des Dresdner Sportklubs 1898 und im Jahre 1972 eine Eissporthalle. Erstmals 1275 wird von einer Brücke berichtet. Heute spannen sich neben dem →*Blauen Wunder* zehn weitere Brücken über die Elbe. Daneben ermöglichen drei Fähren das Überqueren des Flusses. Eine besondere Touristenattraktion bietet die →*Sächsische Dampfschiffahrt*. Im Stadtgebiet existieren mehrere Häfen und die Schiffswerft Dresden-Laubegast. Neben den Schiffern ernährte der Fluss einst auch Fischer, Flößer, Schiffsmüller und Bomätscher (Treidler, die Schiffe elbaufwärts zogen). Die Treidelpfade sind heute noch vorhanden. In ihrer Nähe legte man nach 1990 Elbradwege an. Zwischen 1826 und 1945 existierten im Fluss zahlreiche Badeanstalten. 1925 bis 1926 gab es am Elbufer sogar einen Wasserflugplatz für die am 10. August 1925 eröffnete erste europäische Wasserfluglinie Dresden-Johannstadt – Hamburg-Altona (mit Zwischenlandung in Magdeburg fünf Stunden Flugzeit). Der Nullpunkt des Dresdner Pegels wurde 1935 auf 103 Meter über dem Meeresspiegel festgelegt und entspricht einer Wassertiefe von 65 Zentimeter in der Schifffahrtsrinne. Der höchste Elbpegel aller Zeiten wurde zur →*Jahrtausendflut* im August 2002 gemessen. Den niedrigsten Pegelstand registrierte man am 9. Januar 1954 mit zwei Zentimeter. Bei extremer Trockenheit ragen die sogenannten Hungersteine aus dem Flussbett. Eine geschlossene Eisdecke ist seit dem 20. Jahrhundert höchst selten geworden, aber z. B. von 1929 bekannt.

Die Elbe durchfließt das Dresdner Stadtzentrum.

Erfinder und Forscher

Gebürtige Elbestädter und Wahl-Dresdner wie der Universal-Wissenschaftler Manfred Baron von Ardenne (1907–1997) begründeten den Ruf der Sachsen als ein blitzgescheites Volk von Tüftlern und Erfindern. Ardenne, der zu den Pionieren des elektronischen Fernsehens und des Rasterelektronen-Mikroskops zählt, während seines unfreiwilligen Aufenthaltes 1945–1955 in Russland an der Atombombe forschte, baute ab 1955 das einzige große Privatinstitut der DDR mit bis zu 500 Mitarbeitern am →*Weißen Hirsch* auf. Hier entwickelte er u. a. den Elektronenstrahl-Mehrkammerofen, Plasmafeinstrahl-Brenner und 1972 die Sauerstoff-Mehrschritt-Therapie. Physiker Heinrich Barkhausen (1881–1951) führte u. a. das Phon als Maßeinheit der Lautstärke ein. Hausfrau Melitta Bentz, geborene Liebscher (1873–1950) wurde 1908 das Patent für den Kaffeefilter erteilt. Alchimist Johann Friedrich Böttger (1682–1719) erfand mit sächsischen Gelehrten 1709 in einem Gebäude auf der heutigen →*Brühlschen Terrasse* das erste europäische Porzellan. Johann Heinrich Ernemann (1850–1928) und sein Sohn Carl Heinrich Alexander Ernemann (1878–1956) ersannen Kinoprojektoren und Fotoapparate wie die Kleinbildkamera „Ermanox". Der als „Sächsischer Archimedes" berühmte Kunsttischler und Hofmechaniker Andreas Gärtner (1654–1727) konstruierte u. a.

1908 ersann die damals 35-jährige Dresdner Hausfrau Melitta Bentz den Kaffeefilter.

Johann Friedrich Böttger erfand 1709 das erste europäische Porzellan (Meissener Porzellan®).

Prof. Dr. h. c. mult. Manfred Baron von Ardenne meldete über 600 Patente an.

Aufzüge, Krananlagen, Granatwerfer und eine Weltzeituhr. Physiker Wilhelm Hallwachs (1859–1922) entdeckte die „Hallwachs-Effekt" genannte lichtelektrische Erscheinung. Mediziner Heinrich Lahmann (1860–1905) gründete am Weißen Hirsch sein Sanatorium, revolutionierte mit einer vegetabilen Milch die Säuglingsernährung und gilt als Vater der wissenschaftlichen Naturheilkunde. Chemiker August Leonhardi (1806–1856) entwickelte 1856 die Eisengallustinte (giftfreie Tinte). Der Industrielle und Sozialhygieniker Karl August Lingner (1861–1919) ist der Erfinder des Mundwassers „Odol" und nutzte für den Verkauf eine geschickte Marketingstrategie. Heinsius von Mayenburg (1865–1932) füllte erstmals 1907 „Chlorodont"-Zahnpasta in Tuben. Bruno Naumann (1844–1903) brachte 1869 die „Singer-Nähmaschine" auf den Markt. Karl Nüchterlein (1904–1944) konstruierte 1936 für die Ihagee die erste einäugige Kleinbild-Spiegelreflexkamera der Welt. Paul Pfund (1849–1923) von →*Pfunds Molkerei* stellte 1886 erstmals in Deutschland Kondensmilch her. Maria Reiche (1903–1998) erforschte bei Nazca im Süden Perus gigantische Linien in der Geröllwüste, erreichte, dass die Pampa von Nazca von der UNESCO in die Monumente des Weltkulturerbes aufgenommen wurde. Techniker Johann Andreas Schubert (1808–1870) lieferte 1838 die Ideen für die erste deutsche Lokomotive „Saxonia". Vom Arzt Friedrich Adolf August Struve (1781–1840) stammt das künstliche Mineralwasser (1820).

Auch das Mundwasser „Odol" ist eine echte Dresdner Erfindung.

Frauenkirche

Seit ihrer Weihe 2005 dominiert das Wahrzeichen Dresdens am →*Neumarkt*, die wohl prachtvollste Kathedrale der evangelischen Christenheit, wieder die Silhouette der Stadt. Als Baumeister George Bähr (1666–1738) am 26. August 1726 auf uraltem heiligen Ort den Grundstein für diesen „St. Peter der wahren evangelischen Religion“ legte, stand der Vorgängerbau noch – eine spätgotische Hallenkirche (25,50 Meter breit, 23 Meter lang). Im Jahre 1289 taucht die Bezeichnung der älteren romanischen Frauenkirche (erbaut nach 1150) erstmals in einer Urkunde auf. Und vor dieser könnte um 1000 an gleicher Stelle die älteste Frauenkirche aus Holz als Missionskirche für christianisierte Slawen existiert haben.

Das Kuppelkreuz der Frauenkirche

Das Einzigartige am Bauwerk George Bährs blieb nicht die 12 000 Tonnen schwere, komplett steinerne Kuppel als Himmelssymbol. Faszinierend ist die konkave, an eine Glocke erinnernde Form. Sie blieb weltweit ein Unikat und brachte der genialen Schöpfung den Namen „Steinerne Glocke“ ein.

Detail des prächtigen Sandstein-Altars

Die Dresdner Frauenkirche auf dem Neumarkt

Bähr erlebte die Weihe seines „Traumes" nicht. Nach 17 Jahren Bauzeit und 288 510 Talern Baukosten wurde die Frauenkirche 1743 mit Kuppel, steinerner Laterne und vergoldetem Kreuz vollendet.

Die Frauenkirche war für die Ewigkeit gebaut – aber sie stand nur 202 Jahre. Im →*Inferno vom 13./14. Februar 1945* ausgebrannt (Temperaturen um 2000 Grad hatten den Sandstein von innen mürbe gemacht), brach sie am Vormittag des 15. Februar 1945 gegen 10.15 Uhr in sich zusammen.

Gottesdienst in der Frauenkirche

Fast fünf Jahrzehnte lang lag die Frauenkirche in Trümmern. Da erscholl, von prominenten Dresdnern organisiert, am 13. Februar 1990 ein „Ruf aus Dresden". Eine vom Trompetenvirtuosen Prof. Ludwig Güttler (geb. 1943) mit 60 000 Mark Startkapital ausgestattete „Bürgerinitiative für den Wiederaufbau der Frauenkirche" warb weltweit für den originalgetreuen Wiederaufbau des barocken Gotteshauses.

Am 27. Mai 1994 startete mit der ersten Steinversetzung der rund 197,7 Millionen Euro teure Wiederaufbau. In den 17 Monaten zuvor war der 71 x 74 Meter große Trümmerhaufen Schicht um Schicht abgetragen worden. 8390 Fassadensteine und 91 500 Hintermauerungssteine – einige Kilo bis zu 95 Tonnen schwer – wurden geborgen, katalogisiert und zur weiteren Bearbeitung ge-

Hinter dem barocken Orgelprospekt verbirgt sich eine moderne Orgel.

91,23 Meter hohe Kirche äußerlich wieder komplett in alter Pracht.

Die ungeheure Last der dreiwandigen Steinkuppel ruht größtenteils auf acht kühn anstrebenden Pfeilern des Kirchenschiffes, das wie die Emporen und Pfeiler barocke Farbigkeit ausstrahlt.

stapelt. Schon lange vor dem Baustart brach man in ausgewählten Steinbrüchen der Sächsischen Schweiz neue Steine. Steinmetze gaben ihnen nach traditioneller, aus dem Mittelalter überlieferter Technik mit Knüpfel, Krönel, Schrift- oder Scharriereisen per Hand ihre endgültige Form. In beeindruckendem Tempo begann sich die Kirche hinter Gerüststangen und Planen des beheizten Schutzzeltes in den Himmel zu recken. Bereits nach Aufsetzen von Turmhaube und Kuppelkreuz am 22. Juni 2004 erstrahlte die

Ihre innere Kuppel ist an der Unterseite verputzt. Darauf entstanden nach altmeisterlicher Kunst die 1734 von Hofmaler Giovanni Battista Grone (1682–1748) geschaffenen acht Gemälde neu. Während bis zur dritten Empore heute ein Lift fährt, führt wie einst nur ein schneckenförmiger Rundgang zwischen den Kuppelschalen weiter zur Aussichtsplattform in 68 Meter Höhe.

Der gewaltige Bau mit 1833 Sitzplätzen (früher 4000) gliedert sich in das durch einen Kreuzgang geteilte Kir-

chenschiff, in die 48 Betstübchen im Erd- und Zwischengeschoss, die drei Emporen und in den Altarraum. Sieben Portale ermöglichen von allen Seiten den Zu- und Abgang. Vom Hauptportal D aus hat man den besten Gesamtüberblick. Gegenüber steht der prächtige Altar. Bildhauer Johann Christian Feige (1689–1751) vollendete ihn nach einem Entwurf Bährs. Heutige Restauratoren, Bildhauer, Holzschnitzer, Steinmetze und Vergolder schufen ihn aus rund 2000 unter den Trümmern geborgenen Einzelteilen neu.
Eine Dominante der beeindruckenden Innenarchitektur der Kirche ist die Orgel – einst das 39. Meisterwerk des sächsischen Hof- und Landorgelbauers Gottfried Silbermann (1683–1753). Mit ihrem äußeren Erscheinungsbild ist das Orgelgehäuse von 1736 komplett wieder hergestellt. Die Orgel verfügt, wie nach dem Umbau von 1911, über 65 statt ursprünglich nur 43 Register auf vier statt auf drei Manualen. Kirchenbau-Direktor i. R. Eberhard Burger (geb. 1943) wurde für seine Verdienste um den Wiederaufbau der Frauenkirche die Ehrenbürgerschaft Dresdens verliehen und man ernannte ihn zum Dr.-Ing. E. h. der TU Dresden.

Blick vom Frauenkirchturm nach Osten

Friedhöfe & Kirchen

Ältester Gottesacker der Stadt war der bereits 1772 eingeebnete Frauenkirchhof. Heute existieren 58 Friedhöfe: 49 evangelisch-lutherische, vier kommunale, zwei katholische und zwei jüdische sowie einer im Besitz des Freistaates Sachsen (Garnisonfriedhof der ehem. Sowjetarmee). Der 12 800 Quadratmeter große Ev.-Luth. Eliasfriedhof von 1680 (ehemaliger Seuchenfriedhof) am Güntzplatz wird seit 1876 nicht mehr benutzt. Auch der Alte Jüdische Friedhof Pulsnitzer Straße 12 von 1751 (3500 Quadratmeter), der Ev.-Luth. Loschwitzer Kirchhof (400 Quadratmeter, 1708 angelegt) an der Pillnitzer Landstraße 9 und der Äußere Matthäusfriedhof (2040 Quadratmeter, 1851 angelegt) an der Bremer Straße 18 sind stillgelegt. Mit 533 000 Quadratmetern ist der 1934 eingerichtete kommunale Heidefriedhof an der →*Dresdner Heide* (Moritzburger Landstraße 299) die größte Gräberanlage Dresdens. Gefolgt vom 1875 angelegten Ev.-Luth. Neuen Annenfriedhof (143 300 Quadratmeter) an der Kesselsdorfer Straße 29/30, dem Ev.-Luth. St. Pauli-Friedhof (110 000 Quadratmeter, 1864 angelegt) an der Hechtstraße 78, dem Ev.-Luth. Trinitatisfriedhof (110 000 Quadratmeter, 1816 angelegt) an der Fiedlerstraße 1 sowie von dem 1911 ins Leben gerufenen kommunalen Urnenhain Dresden-Tolkewitz mit 70 500 Quadratmetern. In dessen Zentrum befindet sich die 1909/11 von Architekt Fritz Schumacher (1869–1947) errichtete städtische Feuerbestattungsanstalt Krematorium Tolkewitz mit Einsegnungshalle, deren plastischen Schmuck Georg Wrba (1872–1939) schuf. Der älteste noch existierende Friedhof ist der Ev.-Luth. Innere Friedhof Briesnitz (17 800 Quadratmeter) von 1273 Am

Grabdenkmal von Kunstakademie-Rektor Giovanni Battista Casanova

Leonhardi-Grab auf dem Loschwitzer Friedhof: Pilger klopft an die Himmels-Pforte.

Kirchberg. Prächtige Grabmonumente berühmter Persönlichkeiten sind vor allem auf dem Alten Katholischen Friedhof (11 000 Quadratmeter, angelegt 1721) an der Friedrichstraße 54 sowie auf dem Ev.-Luth. Loschwitzer Friedhof (17 700 Quadratmeter, um 1825 angelegt) an der Pillnitzer Landstraße 80 zu finden.

Unter den 66 Dresdner Kirchen sind die →*Frauenkirche*, die →*Katholische Hofkirche* und die →*Kreuzkirche* die bekanntesten, größten und traditionsreichsten Gotteshäuser. Einige andere sollen noch erwähnt werden: Bereits 1578 weihte man die Ev.-Luth. Annenkirche (1769 Neubau, 1823 klassizistischer Turmaufsatz, 1906 Restaurierung

1578 wurde die Ev.-Luth. Annenkirche geweiht.

Russisch-Orthodoxe Kirche von 1874

im Jugendstil). In der Wilsdruffer Vorstadt gelegen (Annenstraße), war sie die älteste Vorstadtkirche. Der 57 Meter hohe Turm erhebt sich erst seit 1997 in heutiger Gestalt. Für die vielen in Dresden weilenden Russen entstand mit Unterstützung des Zarenhofes 1874 die Russisch-Orthodoxe Kirche zum Hl. Simeon vom wunderbaren Berge (Fritz-Löffler-Straße 19) mit 40 Meter hohem Glockenturm. Der dem Stil Moskauer Kirchen des 17. Jahrhunderts nachempfundene Bau wird von fünf Türmen mit blauen Zwiebelkuppen und vergoldeten russischen Kreuzen bekrönt. Malerisch an der Elbe gelegen, ist die Ev.-Luth. Kirche Maria am Wasser im Stadtteil Hosterwitz (Kirch-

Links: *Seit 1708 steht in Loschwitz dieses barocke Gotteshaus.*

Maria am Wasser ist als Hochzeitskirche beliebt.

1905 baute man die Ev.-Luth. Christuskirche im Jugendstil.

gasse 6) eine beliebte Hochzeitskirche. Schon kurz nach der Christianisierung des Gaues Nisan soll hier ein Kirchlein errichtet worden sein. Als 1406 erstmals ein Pfarrer erwähnt wurde, stand dieser Bau wohl schon 200 Jahre. 1495 als spätgotische Hallenkirche erbaut, fanden bis 1774 barocke Erweiterungen des bis zur Wetterfahne 27 Meter hohen verputzten Bruchsteingebäudes statt. Eines der schönsten Gotteshäuser Dresdens (Pillnitzer Landstraße 9) steht mit der imposanten Ev.-Luth. Kirche seit 1708 im Stadtteil →*Loschwitz*. Den achteckigen barocken Zentralbau mit ziegelgedecktem Mansarddach und schieferverkleidetem Dachreiter (42 Meter Höhe) schuf Johann Christian Fehre d. Ä. (†1720) unter Mitwirkung von George Bähr (1666–1738). Der Wiederaufbau des am 13. Februar 1945 ausgebrannten Gotteshauses war erst 1994 vollendet. In ihm fand der rekonstruierte frühere Hauptaltar der 1963 abgerissenen Sophienkirche (6 Meter hoch, farbiger Marmor) von Giovanni Maria Nosseni (1544–1620) Aufstellung. Bis zur Weihe 1905 entstand mit der Ev.-Luth. Christuskirche (An der Christuskirche) in Strehlen eine imposante Saalkirche (Jugendstilform) mit zwei je 66 Meter hohen Türmen, die Würde, Ernst und Wehrhaftigkeit ausstrahlen. Sie wurde nach Plänen der Architekten Julius Graebner (1858–1917) und Rudolf Schilling (1859–1933) erbaut.

Fürstenzug

Zu Dresdens Sehenswürdigkeiten zählt der 101,90 m lange und 10,51 Meter hohe Wandfries aus Meissener® Porzellankacheln an der Nordwand des Langen Ganges am →*Stallhof*. Wilhelm Walther (1826–1913) schuf mit ihm das weltweit größte Porzellanbild. Es symbolisiert die Geschichte der Mark Meißen und des späteren Sachsen seit 1089 anhand der Regenten des Hauses Wettin. In anderthalbfacher Lebensgröße sind 35 Fürsten hoch zu Ross nebst Herolden und Fußvolk (insgesamt 45 Reiter, 48 Fußgänger, 19 Kandelaber, 45 Wappen) abgebildet. Die Ahnen-Galerie fängt mit Markgraf Konrad dem Großen (1098 o. 1099–1157) an und endet mit König Georg von Sachsen (1832–1904). Ihm folgen Grenadier Georg von Vitzthum nebst Militärs aus sächsischen Adelsfamilien (von Metzradt, von Nostiz, von Posern, von Lüttichau). Diesen schließt sich das Bürgertum an: u. a. Student Heinrich Gustav von Erdmannsdorf mit der Leipziger Universitätsfahne, Künstler-Sohn Johannes Walther (1855–1916) mit der Kreuzschul-Fahne, Kreuzschüler Karl Adolf Wirthgen mit der Fahne

Der 102 Meter lange und 10,5 Meter hohe Fürstenzug

August der Starke mit Sohn Kurfürst Friedrich August II. im Fürstenzug

der Technischen Hochschule Dresden, die Bildhauer Johannes Schilling (1828–1910) und Ernst Julius Hähnel (1811–1891) in Begleitung von Adrian Ludwig Richter (1803–1884). Am Ende schaut hinter Zimmermann Kern und Maurer Pietsch der Schöpfer des Fürstenzuges hervor. Ursprünglich hatte der Künstler den Fries 1876 als Sgraffito ausgeführt, der bereits um 1900 schadhaft war und 1904/07 durch 25 000 fugenlos in Zementmörtel eingesetzte Porzellankacheln ersetzt wurde. Bleibt zu ergänzen, dass König Georg als Sachsens letztem Fürstenzug-Monarch noch →*König Friedrich August III.* (1865–1932) folgte, dessen 1945 vertriebene Nachkommen heute teilweise wieder im Freistaat sesshaft sind.

Gartenstadt Hellerau

Im Jahre 1908 wurde die erste deutsche Gartenstadtsiedlung gegründet und nach der großen Sandebene im Dresdner Norden, dem Heller, benannt. Sie umfasste bis zum II. Weltkrieg bereits 387 Häuser mit etwa 1900 Einwohnern. Hellerau (Name seit 1938, seit 1950 nach Dresden eingemeindet) verdankt sein Entstehen dem

Liebevoll sanierte Häuser Am Grünen Zipfel in der Gartenstadt Hellerau

Tischler Karl Schmidt (1873–1948), der 1898 in Laubegast eine Werkstatt für Reformmöbel gründete. Er verband den Gedanken der Erneuerung der deutschen kunstgewerblichen Produktion mit dem einer Werkgemeinschaft seiner Arbeiter. Von 73 Grundstücksbesitzern in Klotzsche und Rähnitz kaufte er 130 Hektar Land und gründete 1908 die Gartenstadtgesellschaft GmbH – die Keimzelle der idyllischen Wohnsiedlung und einer Künstlerkolonie. Am 9. Juni 1909 erfolgte der erste Spatenstich zum Bau der Deutschen Werkstätten Hellerau, die noch heute am gleichen Standort produzieren. In die von Richard Riemerschmid (1868–1957) entworfene Fabrikanlage zog Schmidt 1910 ein. Seitdem steht der Name Deutsche Werkstätten Hellerau für industriell gefertigte, betont sachliche und z. T. dem Jugendstil entsprechende Innenausstattungen. Für seine Hellerauer „Bildungsanstalt für Musik und Rhythmus" ließ Emile Jaques-Dalcroze (1865–1950), den Wolf Dohrn (1878–1914) geholt hatte, durch Heinrich Tessenow (1874–1950) am Nordwestrand der Gartenstadt das Festspielhaus erbauen. Neben Anhängern der Gartenstadtbewegung, Bodenreformern, Künstlern, Pädagogen und Literaten war hier von 1912 bis 1930 auch der Verleger Jakob Hegner (1882–1962) ansässig, der sich um die Verbreitung moderner französischer Literatur große Verdienste erwarb. Nach 1945 durch russische Truppen genutzt, wurde das Festspielhaus bis 2006 zwölf Jahre lang von der Stadt Dresden saniert und ist nun Heimstätte des „Europäischen Zentrums der Künste Hellerau". Seit 2004 hat die Ballettkompanie des US-Choreographen William Forsythe (geb. 1949) im Musentempel eine Residenz.

Das 1911/12 erbaute Festspielhaus Hellerau

Gläserne Manufaktur

Prestigeobjekt des Wolfsburger VW-Konzerns ist seit Ende 2001 die eigens für die Fertigung der Oberklassen-Fahrzeuge (z. B. „Phaeton", „Bentley") konzipierte Gläserne Manufaktur (Lennéstraße 1), die unter Automobilmanufaktur Dresden GmbH firmiert. Vorgefertigte Teile werden in Handarbeit auf einem 522 Meter langen Schuppenband montiert (im Produktionsbereich 19 000 Quadratmeter Ahorn- und Eichenparkettboden), was durch große Glasscheiben (27 500 Quadratmeter Fensterfläche) nicht nur potentielle Käufer, sondern auch Passanten von der Straße aus verfolgen können. Parallel kommt im Montagebereich (zwei Etagen) eine Elektro-Hänge-Bahn zum Einsatz. Die fertigen Autos sind im 39,90 Meter hohen Glasturm (Durchmesser 30 Meter, Platz für 300 Fahrzeuge) ausgestellt. Der L-förmige (Kantenlänge 147 Meter; 24,90 Meter hoch) und 186,62 Millionen Euro teure Bau von Architekt Gunther Henn (geb. 1947) befindet sich auf einem 8,3 Hektar großen Grundstück am Straßburger Platz, das sich an den →*Großen Garten* anschließt. Hier befand sich einst das 1945 zerstörte Ausstellungsgelände, wurden zwischen 1969 und 1998 in

Zur Montage kommen die Luxus-Limousinen angeschwebt.

Die Gläserne Manufaktur ist das Prestigeobjekt des Wolfsburger VW-Konzerns.

einer 100 m langen stützenfreien Doppelhalle mit 1,3 Hektar Grundfläche Technik- und Verbrauchermessen veranstaltet. Die Messe Dresden befindet sich heute auf dem Gelände des ehemaligen Vieh- und Schlachthofes im Ostragehege. Dresdens Gläserne Manufaktur ist ein Symbol radikaler Veränderungen der Industrielandschaft nach 1990. Traditionsreiche Industrien mit hohen Beschäftigtenzahlen (z. B. Fototechnik, Maschinenbau, chemische und polygrafische Industrie) existieren nur noch in kleinen hoch spezialisierten Einheiten bzw. wurden durch die Mikroelektronik, Informations- und Kommunikationstechnologie abgelöst. In dem heute mitunter „Silicon Saxony" („Silizium-Sachsen") genannten Hochtechnologiestandort Dresden betreiben z. B. Infineon Technologie und Globalfoundries modernste Produktionsstätten.

Goldener Reiter

1736 auf dem Neustädter Markt enthüllt, gehört das Reiterstandbild von Kurfürst Friedrich August I. (1670–1733) zu den bekanntesten Wahrzeichen der Landeshauptstadt. In der Art römischer Imperatoren gekleidet sitzt Sachsens Herrscher, dem der Volksmund den Beinamen „der Starke" verlieh, auf einem sich aufbäumenden Lipizzanerhengst. Die 1250 Kilo schwere Metallplastik (eiserne Stabkonstruktion, Hülle aus getriebenem Kupferblech, Hinterbeine mit Blei aufgefüllt, Vergoldung mit ca. 190 Gramm Gold) auf Sandsteinpostament entsprach dem Wunsch Augusts nach Selbstdarstellung. Er war der prunkvollste aller Sachsen-Fürsten mit zahlreichen Mätressen (davon acht verbürgte, neben einem ehelichen Sohn acht legitimierte außereheliche Kinder), machte Dresden durch viele Bauten wie *→Zwinger* und *→Taschenbergpalais* zu einer Residenz von europäischem Rang. Nach ihm nennt man eine Epoche sächsischer Geschichte sogar Augusteisches Zeitalter. Als Zweitgeborenem fiel ihm 1694 völlig unvorbereitet die sächsische Kurwürde des verstorbenen Bruders zu. Doch sein Ziel war schon wenig später die polnische Königskrone. Dafür musste er den polnischen Adel bestechen, zum Katholizismus konvertieren. Am 15. September 1697 wurde er als August II. in Krakau zum König von Polen gekrönt. Nach verschiedenen Plänen zur Aufstellung seines Reiter-Denkmals (Dach des *→Residenzschlos*-

Der Goldene Reiter auf dem Neustädter Markt

August der Starke auf einem Gemälde von Louis de Silvestre dem Jüngeren

ses, Augustusbrücke, Blockhaus) zu Augusts Lebzeiten, stellte erst 1732/34 der Kunst-Kanonenschmied Ludwig Wiedemann (1690–1754) nach dem Modell des französischen Hofbildhauers Jean Joseph Vinache das Monument her. Vor dem Ende des Zweiten Weltkrieges zerlegte man das Denkmal und lagerte es aus. 1956 wurde es wieder aufgestellt und zuletzt 2001 bis 2003 restauriert.

Großer Garten

Flanierwege, alte Bäume, zauberhafte Rabatten und Skulpturen – Dresdens größte zusammenhängende Parkanlage umfasst bei einer Länge von 1900 Metern und einer Breite von 900 bis 1000 Metern eine Fläche von 2 Quadratkilometern. Die Einteilung in drei Längsalleen und eine Querallee geht auf die ursprüngliche Barockanlage zurück. Im Zentrum erhebt sich mit dem 1683 fertiggestellten Palais der früheste Barockbau Sachsens. Das dreigeschossige Lustschloss entstand für Kurfürst Johann Georg III. (1647–1691) nach Entwürfen von Johann Georg Starcke (um 1640–1695), der bis 1694 auch die acht Kavaliershäuser baute. Bereits Kurfürst Johann Georg II. (1613–1680) hatte seit 1676 in der Wildnis von Feldern und Wiesen einen quadratischen Park als Fasanerie und Lustgarten von Hofgärtner Martin Göttler anlegen lassen. Unter August dem Starken (1670–1733) erarbeitete Oberlandbaumeister Johann Friedrich Karcher (1650–1726) Pläne zur Ausweitung der Längsachse, wurden 1715 der Palaisteich ausgehoben, heimische Gehölze wie Birken, Erlen, Linden, Rot-

Marmorgruppe „Die Zeit entführt die Schönheit" vor dem Palais im Großen Garten

und Weißbuchen gepflanzt und Statuen aufgestellt. Ab 1873 erweiterte Friedrich Bouché (1850–1933) die Anlagen zu einem Rechteck im englischen Gartenstil. Seitdem bilden sie den Volks- und Erholungspark. Ausflugslokale wie das Carolaschlösschen, die „Pikardie", Große Wirtschaft und Torwirtschaft etablierten sich. Flächen gingen 1861 durch Abtrennung des Zoologischen Gartens (siehe →*Zoo Dresden*), 1889 durch den Botanischen Garten und 1890 durch das Ausstellungsgelände am Stübelplatz (heute

Straßburger Platz) verloren. Der 1945 schwer zerstörte Garten erhielt 1950 die Parkeisenbahn (6 Kilometer Streckenlänge), 1955 das Puppentheater „Sonnenhäusel" und 1958 die Freilichtbühne „Junge Garde". Seit 1993 ist der Freistaat Sachsen Besitzer der Anlage.

Links: Der Mosaikbrunnen von 1926

Damen und Herren des Traditionsvereins Dresdner Barock e. V. beim Lustwandeln

Grünes Gewölbe

Mit über 4000 einzigartigen Werken aus Gold, Silber, Edelsteinen oder Elfenbein von höchstem kunstgeschichtlichem Rang ist das Grüne Gewölbe eine der reichsten historischen Schatzkammern und das wohl älteste Museum der Welt. Es wurde 1572 als „Geheime Verwahrung" erstmals in den Akten erwähnt. Bis auf einige Jahrzehnte nach 1942 blieb sein Standort immer das Erdgeschoss des →*Residenzschlosses*, wo die Kunstwerke in streng bewachten und gesicherten Räumen mit meterdicken, grün getünchten Wänden, lagern. Kurfürst Friedrich August der I. (→*Goldener Reiter*) ließ von 1721 bis 1731 das Schatzdepot zur prächtigen Schausammlung umgestalten. Mit ornamentalen Wandmalereien, Spiegelglasfenstern, vergoldeten Schnitzereien, Stuckdecken und Marmorfußböden ausgestattete Räume machten aus der Sammlung ein barockes Gesamtkunstwerk. Bis zur kriegsbedingten Auslagerung 1942 war das Grüne Gewölbe

Juwelenzimmer im Historischen Grünen Gewölbe

mit Kaminzimmer, Elfenbeinzimmer, Emaillenzimmer, Silberzimmer, Pretiosensaal nebst Eckkabinett, Wappenzimmer, Juwelenzimmer und Bronzenzimmer das einzige vollständig erhaltene fürstliche Pretiosenkabinett Europas. 1945 von der Trophäenkommission der Roten Armee nach Moskau verschleppt und 1958 zurückgegeben, stellte man ab 1959 alles provisorisch im Albertinum auf der →*Brühlschen Terrasse* aus. 2006 kehrte der märchenhafte Schatz der sächsischen Kurfürsten an seinen angestammten Platz im Residenzschloss zurück (heute neun Ausstellungsräume und Vorgewölbe). In Renaissance- und Barocksälen werden etwa 3000 Exponate frei auf Konsolen und Prunktischen präsentiert. Damit 1100 faszinierende Objekte nicht den Besuchern verborgen bleiben müssen, richtete man bereits 2004 im Obergeschoss ein modernes Neues Grünes Gewölbe (2000 Quadratmeter Ausstellungsfläche, zehn Säle, 200 Spezialvitrinen) ein. Dort wird auch die „Mona Lisa" der Goldschmiedekunst des 18. Jahrhunderts präsentiert: der Hofstaat des Großmoguls Aureng-Zeb mit 137 Personen und zusätzlichen Tieren aus Massivgold.

„Hofstaat zu Delhi am Geburtstag des Großmoguls Aureng-Zeb"

Diese sind verziert mit 5223 Diamanten, 189 Rubinen, 175 Smaragden, einem Saphir und 53 Perlen. Zu bewundern ist hier auch der „Dresdner Grüne Diamant" – mit 41 Karat einer der größten der Welt.

Inferno vom 13./14. Februar 1945

Militärisch sinnlos war größtenteils die Zerstörung Dresdens zum Kriegsende 1945, die bis heute als einer der verheerendsten konventionellen Bombenangriffe mit den größten Feuerstürmen und der weitgehenden Vernichtung einer Großstadt gilt. Es war die Nacht zwischen Karneval und Aschermittwoch, als die Bomben fielen. 22.13 Uhr am 13. Februar 1945 brach über die schönste Barockstadt Europas die Hölle, der wohl fatalste Luftangriff des Zweiten Weltkrieges, herein. Über 600 000 Dresdner und fast eine halbe Million Flüchtlinge lebten hier. Unter ihnen viele Schlesier. Sie waren vor der Roten Armee, die kaum 150 Kilometer östlich der Stadt stand, Richtung Westen auf der Flucht. Doch Dresdens Untergang war vom britischen Premier

Blick in das ausgebrannte Gewölbe der Aula der Kreuzschule, im Hintergrund das zerstörte Rathaus

Winston Churchill (1874–1965) schon vor dem Treffen der Anti-Hitler-Koalition in Jalta am 4. Februar 1945 besiegelt worden. Man wollte einen Verkehrsknotenpunkt und Standort von Rüstungswerken ausradieren. Um die heranrückende Ostfront zu entlasten – so die aktuelle Lesart – erteilte Air Chief Marshal Sir Arthur Harris (1892–1984) am 13. Februar den Befehl, schickte 772 Flugzeuge in zwei Wellen über die Stadt. Zuerst rissen 1478 Tonnen Sprengbomben Schneisen ins Häusermeer, später regnete es 1182 Tonnen Brandbomben und Luftminen. Fackelsäulen schossen aus Häusern in die kalte Nacht, vereinten sich zu lichterloh brennenden Straßenzügen, in denen sogar der Asphalt schmolz. Dann loderten Stadtteile, ein einziger Feuerorkan. Mitten in das Inferno luden am nächsten Mittag 311 US-Bomber ihre vernichtende Last (771 Tonnen Bomben) ab. 24 Stunden später bombardierten 210 Flugzeuge nochmals mit Sprengbomben (463 Tonnen) die Stadt. Mindestens 25 000 Menschen starben. Sie verbrannten auf offener Straße, wurden von einstürzenden Häusern erschlagen, von Tieffliegern erschossen, erstickten in den Kellern der über 12 Quadratkilometer vollständig zerstörten Stadt. Allein 9000 Leichen verbrannte man auf Scheiterhaufen auf dem Altmarkt.

Leichenverbrennung auf dem Altmarkt

Jahrtausendflut 2002

Vom 13. bis 19. August 2002 traf Dresden die schwerste Hochwasserkatastrophe seit Menschengedenken. Zuerst richtete die aus dem Erzgebirge kommende Weißeritz im Stadtzentrum große Schäden an, zerstörte u. a. den Hauptbahnhof. Dann überflutete die Elbe, die am 17. August gegen 7 Uhr ihren Höchststand von 9,40 Meter am Pegel Dresden erreichte, 2 481 Hektar Stadtgebiet (zehn Stadtteile). Europas barocke Perle schrie in diesen Tagen aus gurgelnden Wasserstrudeln um Hilfe. Die Bewohner litten schrecklich. Zehntausende eilten mit Ruck- und Schlafsäcken zu Notquartieren, die Brücken mussten nach und nach gesperrt werden. Im trüben Schlammwasser gefluteter Straßen trieben tote Hunde und Katzen. „Schwanensee" stand Samstag, den 17. August, auf dem Spielplan der →*Semperoper*. Doch statt Tschaikowskis Musik dröhnten Pumpen. Diese holten jede Minute 25 000 Liter Wasser aus den gefluteten Kellergeschossen, in denen alle Haustechnik zerstört war. Requisiten, Kostüm-, Stoff- und Schuhlager, Malsaal – alles vernichtet. Retter bargen in einer dramatischen Aktion rund 4000 Gemälde der Galerien Alte und Neue Meister aus der Tiefe eines Hochsicherheitsdepots im überfluteten →*Zwinger*. In der →*Katholischen Hofkirche* schwammen alle 49 Särge in den Grüften. Der enorme Wasserdruck sprengte sogar die Sargdeckel, legte Gebeine sächsischer Kurfürsten und Könige frei. Verheerungen selbst im Kempinski Hotel →*Taschenberg-*

Retter im Boot vor dem Kronentor des Zwingers

Die überflutete historische Innenstadt zur Jahrtausendflut 2002

palais. Wie alle Keller und Tiefgaragen der Dresdner Innenstadt liefen auch die im Fünf-Sterne-Hotel voll. Im →*Schloss Pillnitz* stand die nach Diesel und Heizöl stinkende braune Flut fast zwei Meter hoch. Allein die kommunale Infrastruktur Dresdens erlitt Schäden in Höhe von 458 Millionen Euro.

Kasematten

Ein Blick in Dresdens Unterwelt und auf die Verteidigungsanlagen gestatten die als Museum Festung Dresden (Georg-Treu-Platz 2) zugänglichen Kasematten unterhalb der →*Brühlschen Terrasse*. Neben den eigentlichen Kasematten, den Tonnengewölben für die Verteidigungsmannschaft sowie den Depots für das Kriegsmaterial, sind in dem unterirdischen Areal mit dem Ziegeltor das letzte mittelalterliche Stadttor, zwei Kanonenhöfe, Festungsgänge, Treppenanlagen, Schießscharten, Brückenfundamente und sogar Reste einer Gießerei für Kanonen und Glocken zu sehen. Gegen Angriffe ließ Herzog Georg der Bärtige (1497–1539) Dresden zwischen 1520 und 1529 mit einem System breiter Mauern und Wassergräben schützen. In diese integriert waren sogenannte Basteien, halbrunde, in den Graben ragende Verteidigungswerke, die Geschütze trugen. Rund 20 Jahre später erhielt Dresden unter Kurfürst Moritz (1521–1553), an den das sechs Meter hohe und drei Meter breite Monument an der Brühlschen Terrasse erinnert, eine Bastionärsbefestigung: Dies war eine Wallanlage mit einem System kleiner Bastionen, die sich gegenseitig durch ihr Geschützfeuer decken konnten. Zum Schutz der Elbe erweiterten Paul Buchner (1531–1607) und Hauptmann Claus Russwurm mit 700 Bauleuten in den Jahren 1589 bis 1592 die Nordostbastion zur Jungfernbastei. Dabei wurden das Ziegeltor überbaut, die „Vulkanushöhlen" – ein gewaltiges System mächtiger Kellergewölbe – geschaffen und ein für Elbschiffe durch Schleusen erreichbares Arsenal und der Gondelhafen angelegt. 200 Jahre später ließ Heinrich Graf von Brühl (1700–1763) die Kasematten für seinen Garten mit Erde verfüllen. Seit Mitte der 1960er-Jahre begannen Ausgrabungen, die durch den 1991 gegründeten „Dresdner Verein Brühlsche Terrasse" abgeschlossen wurden. Heute sind die Kasematten in der Obhut der Staatlichen Schlösser, Burgen und Gärten Sachsens.

Der große Kanonenhof

Katholische Hofkirche Kathedrale Ss. Trinitatis

Sachsens größtes katholisches Gotteshaus ist die 1980 zur Kathedrale Sanctissimae Trinitatis erhobene Katholische Hofkirche (Schlossstraße 24). Durch 78 überlebensgroße Heiligenfiguren an den Fassaden ist sie zugleich eine der prunkvollsten Kirchen. 1738 beauftragten Kurfürst Friedrich August II. (1696–1763) und seine Gemahlin Maria Josepha Erzherzogin von Österreich (1699–1757) den römischen Architekten Gaetano Chiaveri (1689–1770) mit dem Bau des katholischen Gotteshauses zwischen Brücke und Residenzschloss. Chiaveri entschied sich für eine Kirche im römischen Spätbarock. Sie erinnert an die alten Basiliken Roms, der Umgang mit Kapellenkranz an französische Kathedralen der Gotik. Aus Platzgründen konnte sich der eine Fläche von 4792,8 Quadratmeter umfassende und 86 Meter hohe Sandsteinbau trotzdem nicht an der für Kirchen üblichen Ost-West-Richtung orientieren. Die Achse zeigt in südwestliche Richtung. 1300 Arbeiter begannen im Juni 1739 mit dem Ausschachten

Katholische Hofkirche und Semperoper

Prunk-Sarkophag des Königs Johann von Sachsen

Das Kirchenschiff mit dem Altar

der Baugrube. Chiaveri verpflichtete viele Kunsthandwerker wie den Bildhauer Lorenzo Mattielli (1688–1748) oder den Maler Stefano Torelli (1712–1784) aus seiner Heimat, die auf dem Platz vor der Baustelle lebten. Daran erinnert noch heute der Name „Italienisches Dörfchen". Obwohl nach raschem Voranschreiten des Baues der Außenhülle schon 1740 der Innenausbau begann, kam durch spärlicher bewilligte Gelder später alles ins Stocken. Verbittert kehrte Chiaveri im Herbst 1748 Dresden den Rücken. Die Leitung lag danach in den Händen von Sebastian Wetzel, Johann Christoph Knöffel (1686–1752)) und Julius Heinrich Schwarze (1706–1775), der schließlich 1755 den Turm vollendete. Das 4,20 Meter hohe Altar-Kreuz und die ebenfalls massiv silbernen Leuchter (je 2,15 Meter hoch) fertigte bis 1756 Ignaz Bauer in Augsburg. Wegen des Siebenjährigen Krieges waren sie bis 1763 auf der Festung Königstein ausgelagert. Erst 1765 traf das zehn Meter hohe Al-

Die Silbermann-Orgel der Katholischen Hofkirche

tarbild „Himmelfahrt Christi" per Schiff in Dresden ein. Anton Raffael Mengs (1728–1779) hatte es in Rom gemalt und in Madrid vollendet. Die 47 Register auf drei Manualen und etwa 3000 Pfeifen umfassende Orgel ist das letzte und größte Werk des berühmten sächsischen Meisters Gottfried Silbermann (1683–1753). Der 1750 bis 1754 geschnitzte Barockprospekt ist eine Arbeit von Joseph Hackl (gest. 1785). Oft vereint sich ihr Klang mit dem Gesang der Dresdner Kapellknaben, deren Tradition auf das Jahr 1708 zurückgeht.

Vom 18. bis zur Mitte des 20. Jahrhunderts wurde die Gruft zur wichtigsten Grablege der Wettiner. In vier Räumen sind 49 Mitglieder der albertinischen Linie des Hauses Wettin beigesetzt. Von August dem Starken (siehe →*Goldener Reiter*), der seine letzte Ruhestätte auf dem Wawel in Krakau fand, steht eine silberne Kapsel mit seinem Herzen über den Sarkophagen des Stifterpaares. Besonders aufwändig gearbeitet ist der mit der Eule der Pallas Athene verzierte Sarkophag des Dichter-Königs Johann (1801–1873). Im Jahre 1980 wurde noch eine Bischofsgruft eingebaut. Hier setzte man als ersten Bischof Gerhard Schaffran (1912–1996) in einem Wandgrab bei. Auch die Hofkirche wurde 1945 weitgehend zerstört. Erst am 7. Juli 1962 konnte der Hochaltar nach dem Wiederaufbau geweiht werden. Dem Gedächtnis der Opfer des →*Infernos vom 13./14. Februar 1945* dient seit 1975 die Gedächtniskapelle des Dresdner Bildhauers Friedrich Press (1904–1990) mit Schmerzensmutter und Altar aus Meissener Porzellan®.

Blick vom Hausmannsturm auf die Heiligen-Figuren der Hofkirche

König Friedrich August III.

König Friedrich August III. (1865–1932), der 1904 als letzter regierender Wettiner den Sachsen-Thron bestieg, blieb als besonders volkstümlicher und humorvoller Herrscher in Erinnerung. Weniger bekannt sind seine Menschenkenntnis, Pünktlichkeit, Religiosität sowie seine Liebe zu Natur und Jagd. Amtsführung und menschliches Auftreten entsprachen den gesellschaftlichen Verhältnissen des 20. Jahrhunderts. Er förderte Wirtschaft und Kultur. Während seiner Regentschaft stieg die Bevölkerung im Königreich Sachsen auf fast fünf Millionen an. Sachsens letzter König wäre berufen gewesen, den Übergang zu einer modernen Form der Monarchie vorzubereiten. Doch Folgen des ersten Weltkrieges verhinderten dies. Am 13. November 1918 entsagte er nach 829 Jahren Wettiner-Herrschaft im Gegensatz zu anderen deutschen Fürsten nur für seine Person dem Thron und ließ damit eine – bis heute allerdings nicht eingelöste – Option offen. Dass er seine Abdankung mit dem Satz „Machd doch eiern Drägg alleene" kommentiert haben soll, ist historisch nicht verbürgt. Per Vertrag vom 25. Juni 1925 (Gesetz vom 9. Juli 1924) kam der Freistaat Sachsen mit

Sachsens letzter König, Friedrich August III.

Der König (links) im Kreise seiner Kinder

dem vormals regierenden Königshaus zu einem friedlichen Ausgleich über Ansprüche, Finanzmittel, Immobilien, Ländereien und tausende Kunstschätze. Bis zu seinem Tode lebte der König auf Schloss Sibyllenort in Schlesien, mit 31 Rittergütern und 23 000 Hektar Land.

Seine Ehe mit Luise Erzherzogin von Österreich (1870–1947) stand unter keinem besonders glücklichen Stern. Als ihn die Gemahlin nach elf Ehejahren Ende 1902 spektakulär verließ (Scheidung 1903), kümmerte er sich als Monarch ohne Landesmutter rührend um die sechs Kinder. Luise von Toscana heiratete 1907 (Scheidung 1912) den Komponisten Enrico Toselli (1883–1926, „Toselli-Serenade"), starb verarmt in Brüssel. Unkonventionell denkend und agierend, wurde die Österreicherin als eine Prinzessin der Herzen weiterhin von den Sachsen verehrt und geliebt. Die Luisen-Torte, der Dresdner Luisenhof am →*Weißen Hirsch* und das Café Toscana am →*Blauen Wunder* in →*Blasewitz* sind nach ihr benannt. 1945 aus Sachsen geflohen, leben Nachkommen von Friedrich August III. seit 1990 teilweise wieder in Dresden und Umgebung.

Komponisten und Musiker

Musikalische Genies lebten und arbeiteten zu allen Zeiten in Dresden, lassen sich bis heute von der Stadt inspirieren. Als „Vater der deutschen Musik" gilt Hofkapellmeister und Komponist Heinrich Schütz (1585–1672), der über ein halbes Jahrhundert die Dresdner Hofmusik prägte. Die Dresdner Hofkapelle in der Funktion des Konzertmeisters begleitete lange Zeit der Komponist Johann George Pisendel (1687–1755). Kirchenkomponist Gottfried August Homilius (1714–1785) war 1742/55 Organist an der Frauenkirche und danach Kreuzkantor. Unter seinen späteren Nachfolgern im Kantorenamt sind noch mehrere Komponisten zu nennen: z. B. Ernst Julius Otto (1804–1877), dem mit fast 50 Jahren die

Heinrich Schütz – der „Vater der deutschen Musik"

Carl Maria von Weber

längste Dienstzeit vergönnt war, erlangte als „Vater des deutschen Männerchorliedes" und Kompositionen wie „Des deutschen Rheines Braut" Bekanntheit. Oder Rudolf Mauersberger (1889–1971), dessen Trauerhymnus „Wie liegt die Stadt so wüst, die voll Volks war" die Zerstörung Dresdens am 13. Februar 1945 thematisiert. Aus dem →*Kreuzchor* gingen Ausnahme-Sänger mit Weltkarrieren wie der Bassbariton Theo Adam (geb. 1926), der Tenor Peter Schreier (geb. 1935) oder der Bass René Pape (geb. 1964) hervor. Der bedeutende Komponist der deutschen Frühromantik und Schöpfer der deutschen Nationaloper Carl Maria von Weber (1786–1826) wirkte ab 1816 zehn Jahre in Dresden. Hier entstanden u. a. seine Opern „Der Freischütz", „Euryanthe" und „Oberon". Er holte auch die Primadonna Wilhelmine Schröder-Devrient (1804–1860) nach Dresden, die hier in 70 Bühnenrollen gefeiert und auf dem Trinitatisfriedhof begraben wurde. Webers sterbliche Überreste ließ Richard Wagner (1813–1883) in London exhumieren und 1844 auf dem Alten Katholischen →*Friedhof* in Dresden beisetzen. Seinen Namen trägt die 1952 in Dresden gegründete Hochschule für Musik (siehe →*Universitäten & Hochschulen*). Komponist Robert Schumann (1810–1856) wohnte 1844 bis 1850 in Dresden und Umgebung (Kreischa, Maxen), schuf hier neben Kammermusik, Klavierstücken und Liedern sein berühmtes

Clara Schumann

Theo Adam (links) und Peter Schreier

Klavierkonzert a-Moll (op. 54), seine 2. Sinfonie C-Dur, op. 61, seine einzige Oper, „Genoveva“ op. 81, die Bühnenmusiken zu Byrons „Manfred“ op. 115 und zu „Szenen aus Goethes Faust“ sowie das „Album für die Jugend“, op. 68. Gemahlin Clara (1819–1896) war die Tochter des Musikpädagogen Friedrich Wieck (1785–1873), der bis zu seinem Tode in →*Loschwitz* wirkte. Dresdner war auch der Pianist und Dirigent Hans von Bülow (1830–1894), welcher mit neun Jahren Klavierschüler von Friedrich Wieck wurde und 1846 in Graupa Richard Wagner kennenlernte.

Der bedeutendste Spätromantiker der deutschen Musikgeschichte Richard Wagner wuchs in Dresden auf, besuchte 1822/27 die Kreuzschule und wurde nach dem Erfolg von „Rienzi“ (1842) am Dresdner Hoftheater und der Uraufführung des „Fliegenden Holländers“ 1843 zum königlich-sächsischen Kapellmeister auf Lebenszeit ernannt. In Dresden komponierte er die Opern „Tannhäuser“ und „Lohengrin“ sowie „Das Liebesmahl der Apostel“ und das Chorstück „Gesang an Webers Grabe“. Nach dem Maiaufstand 1849 musste er aus der Stadt fliehen. Die Aufführung seiner Werke blieb in Dresden bis 1852 verboten. In Graupa (heute Pirna) erinnern die Richard-Wagner-Stätten an sein hiesiges Wirken. Wagner-Partien machten seit dem Dresdner Debüt 1873 die Sopranistin Therese Malten (1853–1930) berühmt, nach der eine Straße in Kleinzschachwitz benannt ist. 1891/94 nahm der Komponist, Pianist und Dirigent Anton Grigorjewitsch Rubinstein (1829–1896) Wohnsitz in Dresden. Immer wieder erlebten Hofoper

Richard Wagner

und Hofkapelle bzw. →*Semperoper & Sächsische Staatskapelle* Koryphäen am Dirigentenpult: Ernst Edler von Schuch (1846–1914) leitete während des über 40-jährigen Wirkens an der Dresdner Oper 51 Uraufführungen und 120 Erstaufführungen. Mit seinen legendär gewordenen Uraufführungen der Werke von Richard Strauss (1864–1949) spricht die Musikgeschichte von einer „Ära Schuch". Tochter Liesel von Schuch (1891–1990) war eine bedeutende Dresdner Sopranistin und erhielt die Dresdner Ehrenbürgerwürde. Dirigent und Pianist Fritz Busch (1890–1951) war von 1922 bis zur Vertreibung durch die Nazis 1933 Chefdirigent der Sächsischen Staatskapelle. Er leitete etwa 1000 Opernvorstellungen und Konzerte. Seine Ur- und Erstaufführungen (z. B. von Richard Strauss, Paul Hindemith oder Kurt Weill) hatten Festspielcharakter. Busch entdeckte die im heutigen Stadtteil Cossebaude geborene Sopranistin Erna Berger (1900–1990), die mit der Partie der Hannele in der Oper „Hanneles Himmelfahrt" von Georg Gräner (1876–1945) den ersten Erfolg feierte. 1931 debütierte die rumänische Sopranistin Maria Cebotari (1910–1949) als Mimi in Puccinis „La Boheme" an der Dresdner Oper und sang hier bis 1943. Dirigent Karl Böhm (1894–1981) folgte Busch von 1934 bis 1942 als musikalischer Leiter der Sächsischen Staatskapelle und Staatsoper. In Niederpoyritz wurde der Dirigent Rudolf Kempe (1910–1976) geboren, der 1950 Generalmusikdirektor der Staatskapelle wurde. In Loschwitz lebt der Komponist Udo Zimmermann (geb. 1943), dessen Oper „Weiße Rose" internationale Erfolge feierte. Wenige Tage nach der Premiere seiner Anti-Kriegsoper „Wir erreichen den Fluss" an der Semperoper starb der bedeutende Komponist Hans Werner Henze (1926–2012) in Dresden.

Ernst Edler von Schuch

Kreuzkirche und Kreuzchor

94 Meter hoch reckt sich im Herzen Dresdens am →*Altmarkt* der Turm der Ev.-Luth. Kreuzkirche (An der Kreuzkirche 6), des zweitältesten Gotteshauses der Stadt, in den Himmel. Mit einer Kreuzreliquie war die im Verlauf der Jahrhunderte fünfmal zerstörte Kirche im Mittelalter ein viel besuchter Wallfahrtsort. 1964 wurde sie offizielle Predigtkirche des evangelischen Landesbischofs von Sachsen. Vor allem ist sie aber Heimstatt des berühmten Dresdner Kreuzchores, der zu den weltweit ältesten und renommiertesten Knabenchören zählt. Schon um 1200 überragte am heutigen Standort der Kirche eine dem Kaufmanns-, Markt-, Straßen- und Brückenheiligen Nikolaus geweihte romanische Basilika St. Nikolai mit zwei Westtürmen die Stadt. Als Constantia Prinzessin von Österreich (1212–1243), die Gemahlin von Markgraf Heinrich dem Erlauchten (um 1215–um 1288), als Mitgift einen Splitter vom Kreuze Jesu nach Sachsen brachte, kam dieser in eine extra angebaute Kreuz-Kapelle der Nikolaikirche. Eine weitere Reliquie wurde in der Stadtkirche verehrt: das

Außenansicht der Kreuzkirche

vor dem Jahre 1270 von der →*Elbe* angeschwemmte Holzkreuz – der „Schwarze Herrgott von Dresden". Am 3. Mai 1388 fand die Weihe der Kirche auf den neuen Namen „Zum Heiligen Kreuz" statt. Die heutige Gestalt verlieh ihr 1894/95 Baurat Emil Scherz, der sie im neuklassizistischen Stil umgestaltete. Nachdem am 16. Februar 1897 ein Brand das Gotteshaus bis auf den Turm und die Umfassungsmauern zerstört hatte, gelang den Architekten Rudolf Schilling (1859–1933) und Julius Graebner (1858–1917) innerhalb von nur drei Jahren der 1,785 Millionen Mark teure Wiederaufbau. Grundsätzlich veränderten sie dabei das Kircheninnere für 3476 Sitzplätze im Neubarock mit Jugendstilelementen. Die fünf gro-

Konzerte und Vespern des Kreuzchores begeistern Dresdner und Touristen.

ßen Bronzeglocken bilden noch heute das zweitgrößte Geläut Deutschlands. Für die im →*Inferno vom 13./14. Februar 1945* vernichtete Kreuzkirche begann 1946 der Wiederaufbau. Die vereinfachte Rekonstruktion des Innenraumes unter Architekt Fritz Steudtner (1896–1986) mit schlichtem Rauputz und sternförmigen Hängeleuchten hat bis heute Bestand. Am 13. Februar 1955 konnte die im Rohbau wiederhergestellte Kirche und zum Reformationsfest 1963 die neue Jehmlich-Orgel mit 76 Registern und 6111 Pfeifen geweiht werden. Von der Vorkriegsausstattung erhielten sich u. a. das von Prof. Anton Dietrich (1833–1904) gemalte Altarbild „Golgatha“. Mit 3199 Sitzplätzen (nebst Stehplätzen fasst die Kirche sogar 5000 Menschen) verfügt die Kreuzkirche über den größten Konzertsaal der Elbestadt.

Bei Gottesdiensten, Vespern, Metten und Konzerten verzaubert ein Knabenchor der Superlative mit seinem wundervollen, reinen Klang – der Dresdner Kreuzchor. 150 Kruzianer aller Stimmlagen – neun bis 19 Jahre alt – bilden einen lebendigen Mythos. Die Geburt des Chores, der seine große

Kruzianer beim Christmettenspiel

kirchenmusikalische Tradition 800 Jahre lang bewahren konnte, fällt etwa mit der Stadtgründung 1206 zusammen. Kantor Roderich Kreile (geb. 1956) ist der 28. Kreuzkantor seit der Reformation. Der Kreuzchor bestreitet heute jährlich über 100 Auftritte in Dresden und bei weltweiten Tourneen. Die Kruzianer lernen am evangelischen Gymnasium Kreuzschule in →*Blasewitz*, wohnen dort teilweise auch im Alumnat.

Kunstmaler

Dresden mit seinen romantischen Landschaften und der bis zum Jahre 1680 zurückverfolgbaren, traditionsreichen Kunstakademie gilt seit Jahrhunderten als ein Mekka der Künste. Stellvertretend für alle sollen hier nur einige herausragende Kunstmaler genannt werden. Kurfürst Friedrich August II. (1696–1763) holte 1747 den berühmten Vedutenmaler Bernardo Bellotto, genannt Canaletto (1721–1780), nach Dresden. Zu den bedeutendsten seiner Dresdner Werke zählen 18 Arbeiten für den Kurfürsten und 21 für Minister Heinrich Graf von Brühl (1700–1763). Die Ansichten, die der Künstler mit einer Lochkamera (Camera obscura) einfing, bestechen durch Exaktheit und topografische Detailtreue. Der Arzt und Naturphilosoph Carl Gustav

Bernardo Bellottos berühmter Dresden- Blick von 1748

Der Dresdner Neumarkt in einem Gemälde von Bernardo Bellotto, genannt Canaletto

Carus (1789–1869) war nicht nur als Maler aktiv, er vermittelte seine Kunstauffassung u. a. auch in den „Neun Briefen über Landschaftsmalerei" (1831). Der Bruder des großen Abenteurers Casanova, Giovanni Battista (1730–1795), war ab 1764 Professor und ab 1776 Direktor der Dresdner Kunstakademie. Anton Dietrich (1833–1904) wurde als Historienmaler berühmt, schmückte u. a. die Kreuzschule und die Meißener Albrechtsburg mit prächtigen Fresken. Der große kritische Realist des 20. Jh. Otto Dix (1891–1969) gehörte zu den Mitbegründern der „Gruppe 1919" der Dresdner Sezession. Auch der bedeutendste Landschaftsmaler der deutschen Romantik Caspar David Friedrich (1774–1840), der 1808 durch sein Altarbild „Kreuz im

Gebirge" erstmals Aufsehen erregte, war Professor in Dresden. Sein Beitrag zum europäischen Konstruktivismus machte Hermann Glöckner (1889–1987) zum „Patriarch der Moderne". Das Malerehepaar Hans (1901–1958) und Lea Grundig (1906–1977) gehörte zu den Vertretern der sozialistischen Kunst in Deutschland. Hauptmotive seiner Werke entlehnte Ernst Hassebrauk (1905–1974) der Heimatstadt Dresden. Oskar Kokoschka (1886–1980), der 1916 als verwundeter österreichischer Offizier in Lahmanns Sanatorium auf den →*Weißen Hirsch* kam, wurde als exponiertester Künstler am Ort 1919 an die Kunstakademie berufen. Die Dresdner Malkultur des 20. Jahrhunderts repräsentiert u. a. Bernhard Kretzschmar (1889–1972). Der Porträtmaler und Akademie-Professor Gerhard von Kügelgen (1772–1820) wurde Opfer eines spektakulären Raubmordes, der in die Dresdner Geschichte einging. Ferdinand von Rayski (1806–1890) gehörte zu den bedeutendsten deutschen realistischen Porträtmalern. Als begnadeter Porträtist und Hofmaler Friedrich Augusts II. machte sich Louis de Silvestre (1675–1760) einen Namen. Robert Sterl (1867–1932) zählt zu den großen Impressionisten der deutschen Malerei.

Caspar David Friedrich, Blick auf den Lilienstein, 1802

Lohrmann-Observatorium

Eine Sternwarte zählt zu den imposantesten Bauwerken der Technischen Universität Dresden – das Lohrmann-Observatorium auf dem 40 Meter hohen Turm des 1913 errichteten Gebäudes der Bauingenieurabteilung (George-Bähr-Str. 1, seit 1953 Beyer-Bau). Der historische Refraktor (300 Millimeter Öffnung, 5000 Millimeter Brennweite) wird von einer 18 Tonnen schweren 8-Meter-Drehkuppel geschützt. 2007 bekam das Institut eine Außenstelle auf dem 384 Meter hohen Triebenberg. Dort steht das hochmoderne Newton-Spiegelteleskop (600 mm Spiegel, 2400 mm Brennweite) mit hochempfindlicher CCD-Kamera, welches vor allem erdnahe und die Erdbahn kreuzende Asteroiden untersucht. Das Institut trägt den Namen des berühmtes-

Asteroiden werden am neuen Observatorium auf dem Triebenberg erforscht.

Prof. Michael Soffel am Refraktor des Lohrmann-Observatoriums

Bauernastronom Johann Georg Palitzsch

ten Dresdner Astronomen Wilhelm Gotthelf Lohrmann (1796–1840), der 1822 mit einer Topographie der sichtbaren Oberfläche des Erdmondes begann und eine für damalige Verhältnisse sensationelle Mondkarte schuf. Doch die Anfänge der Sternenkunde verknüpfen sich bereits mit dem wissenschaftlich gebildeten Kurfürsten August von Sachsen (1526–1586), der im →*Residenzschloss* eine einzigartige astronomische Gerätesammlung aufbaute, astrologische Prophezeiungen sammelte und mit berühmten Astronomen Kontakte pflegte. Dänemarks Astronom Tycho de Brahe (1546–1601) wie auch Johannes Kepler (1571–1630) weilten in Dresden.

Zur Astronomiegeschichte der Stadt zählen weiterhin drei sogenannte Bauernastronomen: Christian Gärtner (1705–1782) aus Tolkewitz, Johannes Ludewig (1715–1760) aus Cossebaude und Johann Georg Palitzsch (1723–1788) aus Prohlis. Letzterer wurde durch eine Kometen-Beobachtung berühmt: Am Weihnachtstag, dem 25. Dezember 1758 gegen sechs Uhr am Abend, entdeckte Palitzsch als erster Astronom Europas mit seinem 8-Fuß-Refraktor den Halleyschen Kometen wieder, dessen Ankunft der 16 Jahre zuvor verstorbene Engländer Edmond Halley (1656–1742) vorausberechnet hatte.

Loschwitz

Refugium berühmter Persönlichkeiten (siehe z. B. →*Dichter und Schriftsteller*, →*Komponisten und Musiker*, →*Kunstmaler*) war und ist der Villenvorort Loschwitz, den man 1921 zu Dresden eingemeindete. Der rechtselbische Stadtteil wurde 1315 erstmals als slawische Gründung Loscuicz urkundlich erwähnt. Bevor sich hier vermögende Sachsen und zahlreiche Künstler niederließen, dominierten Weinbauern und Fischer das Dorf, woran u. a. die Winzersäule am Veilchenweg erinnert. Im Loschwitzgrund (Grundstraße) trieb das Flüsschen Trille einst sieben Mühlen an. Aus einer Mühle ging die Rote Amsel hervor. Diesem Fachwerkanwesen mit Haussprüchen wie „Fürwahr kein Genuß Ist der Kosak und Ruß" gab eine rot bemalte stählerne Amsel auf der Laterne vor dem hölzernen Schutzheiligen den Namen. Schöpfer des heutigen Leonhardi-Museums war der

Der Loschwitzer Körnerplatz an der Einmündung zur Grundstraße

Lustige Sprüche verzieren das Fachwerkhaus „Rote Amsel".

Kunstmaler Eduard Leonhardi (1828–1905). Der Sohn eines Tintenfabrikanten lebte ab 1859 in Dresden, wo er vor allem durch faszinierende Landschaften mit außergewöhnlichem Detailreichtum als „Maler des deutschen Waldes" berühmt wurde. Zu den Denkmälern im Zentrum gehört der „Senfbüchse" genannte Rundbau an der Friedrich-Wieck-Straße. Bildhauer Joseph Herrmann (1800–1869) schuf in ihm das Marmorrelief, das die Errettung zweier Menschen aus dem Eisgang der Elbe durch seinen Vater 1799 darstellt. Vom rekonstruierten historischen Ortskern mit seinen prächtigen Fachwerkhäusern und dem zentralen Körnerplatz gelangt man über das →*Blaue Wunder* nach →*Blasewitz*, über die Schillerstraße Richtung →*Dresdner Heide*. Zwischen 1865 und 1969 nutzte die →*Sächsische Dampfschiffahrt* den Loschwitzer Hafen am Körnerweg als Winterhafen. Gegenüber steht das 1785 von Christian Gottfried Körner (1756–1831) erworbene Weinberghaus. Elbabwärts kommt man am Rebhang von Hofjuwelier Johann Melchior Dinglinger (1664–1731), den →*Losch-witzer Elbschlössern* und am ersten Dresdner Wasserwerk Saloppe (errichtet 1875, heute Wohnanlage) vorbei. Die Hanglagen wurden durch die technischen Denkmale →*Schwebeseilbahn & Standseilbahn* erschlossen. Sanatorien verschafften Loschwitz zeitweilig den Ruf eines Kurortes: 1904 gründete Dr. med. Siegfried Möller (1871–1943) zuerst an der Malerstraße 1 (später erweitert durch Villen Schweizerstraße 23 und 27) eine diätetische Heilanstalt. 1916 baute der ehemalige Lahmann-Mitarbeiter Eugen Weidner (1861–1926) am Königspark sein Naturheil-Sanatorium. Dank der unermüdlichen Loschwitzer evangelischen Gemeinde verfügt man seit 1994 wieder über eines der schönsten Gotteshäuser Dresdens (siehe →*Friedhöfe & Kirchen*). Auf der Straße Rich-

Das Leonhardi-Museum auf der Grundstraße wird auch „Rote Amsel" genannt.

tung Pillnitz liegt rechts der Loschwitzer Friedhof mit manch prachtvollen Grabstätten Dresdner Künstler. Vis-à-vis errichtete 1897/98 Martin Pietzsch (1866–1961) das Künstlerhaus mit Atelier-Wohnungen, dessen Zweckbestimmung es bis heute beibehalten hat.

Loschwitzer Elbschlösser

Drei Schlösser beherrschen das Landschaftsbild auf der rechtselbischen Hügelkette zwischen →*Loschwitz* und dem Waldschlösschen: Schloss Eckberg (Bautzner Straße 134), Villa Stockhausen (Bautzner Straße 132) und Schloss Albrechtsberg (Bautzner Straße 130). 1859/61 ließ sich der Großkaufmann John Daniel Souchay (gest. 1877) durch Christian Friedrich Arnold (1823–1890) Schloss Eckberg mit 25 Meter hohem Aussichtsturm im Stil der Spätromantik als „Villa Souchay" errichten. Nach mehrmaligem Besitzerwechsel wohnte hier um 1920 Sänger Tino Pattiera (1890–1966), ab 1925 der Besitzer der Leo-Werke Ottomar Heinsius von Mayenburg (1865–1932). Heute beherbergt es ein Hotel. Das mittlere Elbschloss, ein spätklassizistischer Bau, wurde 1850/53 durch Adolf Lohse (1807–1867) für Baron von Stockhausen, den Kammerherrn des preußischen Prinzen Albrecht, erbaut. 1891 kaufte es Nähmaschinen-Fabrikant Bruno Naumann (1844–1903), von 1906 bis 1916 war Odol-Fabrikant Karl August Lingner (1861–1916) Besitzer, der unterhalb in einem Mausoleum begraben ist. Seitdem wird es auch „Lingnerschloss" genannt. Von 1956 bis 1991 war es das Domizil des „Dresdner Klubs der Intelligenz" und wird seit 2002 vom Förderverein Lingnerschloss e. V. saniert. Das prächtigste der drei Schlösser, Albrechtsberg, entstand 1850/54 an Stelle des 1811 vom schottischen Lord Ja-

Schloss Eckberg vom Park aus

Perlen am Fluss – die drei Loschwitzer Elbschlösser

Lingnerschloss mit Terrasse

Schloss Albrechtsberg

cob von Findlater und Seafield (1747–1811) errichteten Weinberghauses. Prinz Albrecht von Preußen (1809–1872), der nicht standesgemäß verehelichte jüngste Bruder von Kaiser Wilhelm I., ließ es von Lohse nach dem Vorbild römischer Renaissancevillen mit großzügiger Treppenanlage, Flügelbauten, Terrassen, Säulenhalle und Wasserbecken im Park bauen. Zwischen 1951 und 1990 als „Pionierpalast Walter Ulbricht" genutzt, veranstaltet die Stadt Dresden hier heute Bankette und Kongresse.

Museen

Gegenwärtig besitzt Dresden rund 50 Museen. Zu den weltweit renommierten zählen die in den Staatlichen Kunstsammlungen zusammengeschlossenen, deren Geschichte teilweise auf die Kurfürstliche Kunstkammer von 1560 zurückgeht: Gemäldegalerie Alte Meister mit der →*Sixtinischen Madonna*, Porzellansammlung und Mathematisch-Physikalischer Salon im →*Zwinger*, Schatzkammermuseum →*Grünes Gewölbe*, Rüstkammer mit Türckischer Cammer, Kupferstich-Kabinett und Münzkabinett im →*Residenzschloss*, Galerie Neue Meister und Skulpturensammlung im Albertinum auf der →*Brühlschen Terrasse*, Museum für Sächsische Volks-

Kostbarkeiten aus dem Osmanenreich zeigt die „Türckische Cammer".

Extravagant gestaltete Fassade – das Militärhistorische Museum der Bundeswehr

kunst (angeschlossen die Puppentheatersammlung) im Jägerhof und Kunstgewerbemuseum im →Schloss *Pillnitz*. Den Staatlichen Kunstsammlungen unterstehen auch die Staatlichen Ethnographischen Sammlungen Sachsen, zu denen das Museum für Völkerkunde Dresden (Ausstellung im Japanischen Palais) gehört. Die →*Kasematten* sind Teil der Staatlichen Schlösser, Burgen und Gärten Sachsen. Der Sächsischen Landesbibliothek – Staats- und Universitätsbibliothek Dresden angegliedert ist ein Buchmuseum. Im Georg-Schumann-Bau der TU Dresden befindet sich die Gedenkstätte Münchner Platz Dresden. In einer Stiftung ist das →*Deutsche Hygienemuseum* organisiert. Im Verbund der Museen der Stadt Dresden befinden sich das Stadtmuseum Dresden, die Städtische Galerie Dresden, das Kügelgenhaus – Museum der Dresdner Romantik, das Kraszewski-Museum, das Carl-Maria-von-Weber-Museum, das Schillerhäuschen sowie die Technischen Sammlungen Dresden und das Heimat- und Palitzschmuseum Prohlis. Der Stadt Dresden gehört ebenfalls das Verkehrsmuseum im Johanneum nahe dem →*Neumarkt*. Auf dem Areal der Albertstadt im Norden Dresdens ist das Militärhistorische Museum der Bundeswehr zu finden. Zu den weiteren, teilweise jüngeren und privaten Schöpfungen gehören z. B. Körnigreich – das Kunstmuseum sowie das Erich-Kästner-Museum Dresden in der →*Neustadt*, das Dresdner Fußballmuseum im Glücksgas-Stadion, das Asisi-Panometer in Reick oder das Bäckermuseum der Bäckerei Wippler in Pillnitz.

Das Carl-Maria-von-Weber-Museum in Hosterwitz

Neumarkt

Zu Füßen der →*Frauenkirche* erstreckt sich der zweitälteste große Platz der Dresdner Altstadt, der heute wieder zu den Touristen-Magneten Sachsens zählt. Denn kaum ein Besucher kann sich dem Charme der barockisierenden Fassaden, hinter welchen zahlreiche Hotels und in den Souterrains noble Geschäfte, Restaurants, Cafés sowie besonders auf die Bedürfnisse von Gästen der Stadt ausgerichtete Läden zu finden sind, entziehen. Die Geschichte des Platzes, der auch als Frauenmarkt bezeichnet wurde, lässt sich etwa bis 1548 zurückverfolgen. Damals wurde die mittelalterliche Stadtmauer abgerissen, die Siedlung um die alte Frauenkirche in die Stadt integriert. Seine erste prägende Bebauung erhielt er unter

Neumarkt vom „Türkenbrunnen" aus gesehen

„Steigenberger Hotel de Saxe" mit dem Denkmal für König Friedrich August II.

Kurfürst Christian I. (1560–1591), der Häuser mit mehreren Stockwerken genehmigte. Lange verhinderte der erst im 18. Jahrhundert aufgelöste Gottesacker der Frauenkirche eine Erweiterung des Platzes. An der Südseite zwischen Jüdenhof und Frauengasse hatte bereits im Jahre 1591 Paul Buchner (1531–1607) das alte Gewandhaus erbaut. Im Untergeschoss des 120 Meter langen Gebäudes mit Rundbogenportalen waren die Schuh- und Fleischbänke sowie der Ratskeller untergebracht. Im großen Saal des Obergeschosses wurden Tuche verkauft, fanden auch die Versammlungen der Landstände und Theateraufführungen statt. Prinzipalin Karoline Neuber (1697–1760) trat hier zwischen 1730 und 1749 mehrfach mit ihrer Wandertruppe auf. Durch preußisches Bombardement 1760 zerstört, wurde die Ruine 1791 abgebrochen. Die Nordseite des Platzes dominierte die 1715 von Johann Rudolph Fäsch (1680–1749) erbaute und 1760 zerstörte Hauptwache. Als Marktplatz wurde auf dem Neumarkt einheimische Hökerware verkauft, Schweine-, Getreide- und Wollmarkt abgehalten. 1866 versetzte man den 1648 errichteten Friedens- oder Türkenbrunnen auf den Jüdenhof. Das Luther-Denkmal stammt von 1883. Im Feuersturm des →*Infernos vom 13./14. Februar 1945* vernichtet, begann die Neugestaltung mit dem Hotel Hilton Dresden 1987/90.

Dresdner Bürgersinn in Gestalt der 1999 gegründeten Gesellschaft

Mittelteil des im Rokoko-Stil errichteten „Kurländer Palais"

Das 1764 erbaute „Coselpalais"

Historischer Neumarkt trug maßgeblich dazu bei, dass Bauherren Rücksicht auf das traditionelle Antlitz ihrer Gebäude nahmen. Seit 2000 erstrahlt das nach seinem Besitzer Friedrich August von Cosel (1712–1770) benannte „Coselpalais" in alter Pracht. Er war eins von acht legitimierten außerehelichen Kindern des Kurfürsten Friedrich August I., dem Starken (1670–1733). Bis 1764 baute Julius Heinrich Schwarze (1706–1775) das Stadtpalais: mit fünfgeschossigem Hauptbau, Festsaal im ersten Stock und den beiden zweigeschossigen Seitenflügeln, die den Ehrenhof mit 12 Kinderfiguren auf den Torpfosten von Gottfried Knöffler (1715–1779) flankieren. Das „Coselpalais" beherbergt heute u. a. ein Grande Café sowie in den Kellergewölben die Erlebnisgastronomie „Pulverturm an der Frauenkirche". Als wichtiger Gebäudekomplex am Neumarkt entstand bis 2006 das „Quartier an der Frauenkirche". Dieses verfügt neben einer Ladenpassage (drei Etagen) auch über Wohnungen, Geschäftsräume, das „QF Hotel", die Erlebniswelt der renommierten Glashütter Uhrenmanufaktur „A. Lange & Söhne", ein „Meissen® Outlet und die Touristinformation der Landeshauptstadt Dresden. 2006 eröffnete auch das „Steigenberger Hotel de Saxe", vor dem das 1866 geschaffene Denkmal für König Friedrich August II. (1797–1854) steht. Unweit des Neumarktes, am Tzschirnerplatz, ist das 2010 in alter Schönheit wiedererstandene „Kurländer Palais" zu bewundern. Johann Christoph Knöffel (1686–1752) baute es im Rokoko-Stil.

Neustadt

Wo seit 1736 hoch zu Ross Kurfürst Friedrich August I. (1670–1733), der Starke, als →*Goldener Reiter* im Gewand eines römischen Imperators Richtung Polen blickt, beginnt mit dem Neustädter Markt die Neustadt. Sie hieß bis zur Mitte des 18. Jahrhunderts Altendresden, das 1403 sogar eigenes Stadtrecht erhielt und erst 1549 durch Eingemeindung mit dem linksel-

„Japanisches Palais" und Dreikönigskirche in der Neustadt

Japanischer Pavillon mit Glockenspiel am Königsufer

bischen Dresden zusammengeschlossen wurde. Aus alter Zeit blieb nur ein Teil des im Renaissancestil erbauten Jägerhofes erhalten. Nach dem Stadtbrand von 1685 ließ August die „Neue Königsstadt" als barockes Areal mit reizvollen Straßen- und Platzensembles, Verwaltungs- und Bürgerhäusern nebst einem Schloss entwerfen. Davon zeugen heute z. B. noch das ursprünglich als Porzellanschloss vorgesehene „Japanische Palais" (1727/33) und die auf dieses Bauwerk ausgerichtete, 27 Meter breite, lindenumsäumte Königstraße (Baubeginn 1731). An der 400 Meter langen Hauptstraße (1687/1732 angelegt) erhielten sich einige Bürgerhäuser um das Haus „Gottessegen" (1699). Das direkt am rechten Neustädter Brückenkopf befindliche Blockhaus wurde erst 1749/55 fertiggestellt. Elbaufwärts schließt sich das →*Regierungsviertel* an. Dieses endet an der →*Elbe*

Bei schönem Wetter treffen sich die Neustädter im Alaunpark.

Bogenschützen-Plastik

mit dem bereits 1910/12 von Hans Erlwein (1872–1914) geplanten Königsufer, das sich im weiteren Sinne zwischen Albert- und Marienbrücke erstreckt, 1933/36 durch Paul Wolf (1879–1957) realisiert wurde. Es entstand eine Uferpromenade mit Freitreppen, Pavillons, Plastiken, Gartenanlagen und einer wundervollen Sicht zur Altstadt. Ihre Juwelen sind der Bogenschütze, Englischer Garten, Rosen- und Staudengarten sowie der Japanische Pavillon mit Bronzeglockenspiel. Als „Äußere Neustadt" bezeichnen die Dresdner das Wohn- und Geschäftsareal zwischen der „Inneren Neustadt" mit ihren barocken Zeugen und der an der Stauffenbergallee beginnenden „Albertstadt" im Norden (ab 1877 als Deutschlands größtes und modernstes Kasernengelände angelegt). Hier hat sich vielfach die historisierende Architektur der vorletzten Jahrhundertwende und mit →*Pfunds Molkerei* der wohl schönste Milchladen der Welt erhalten. Im früheren Proletarier-Quartier ist längst der Mittelstand heimisch. Junge Familien schätzen die Nähe zur →*Dresdner* Heide, junge Pärchen sonnen sich im Alaunpark. Wo einst zwischen Königsbrücker Straße und Lutherplatz Schriftsteller Erich Kästner (1899–1974, „Emil und die Detektive") seine Jugend verbrachte, hat sich in den letzten Jahrzehnten eine bunte Szene mit über 250 Kneipen, Restaurants, Hostels sowie mannigfaltigen Shopping- und Kulturangeboten entwickelt. An der Kulturmeile Kamenzer Straße befinden sich zahlreiche Galerien, Werkstätten und der 1873 erbaute Orpheum-Ballsaal. Im Viertel gibt es das Travestie-Revue-Theater „Carte Blanche". Das Nachtleben zählt zu den lebendigsten in ganz Deutschland.

Originale aus dem alten Dresden

Altdresdner Originale, also Menschen, die durch ihre liebenswürdig-kauzigen Eigenarten im Dresdner Volksleben auffielen, hat es wohl immer gegeben. Frühester bekannter Vertreter dieser Spezies war Hofnarr Joseph Fröhlich (1694–1757). Der Müller und begabte Taschenspieler kam 1725 nach Dresden, fand eine Anstellung bei Hofe und wurde rasch populär. 1755 zog er ins eigene Palais „Narrenhäusel" nahe dem Neustädter Markt (seit 1945 Ruine, 1950 abgerissen) ein. Höheren Gesellschaftskreisen entstammte der russische Fürst Nikolaus Abramowitsch Putjatin (1749–1830). Der Architekt kam 1793 mit Familie nach Dresden, kaufte in Kleinzschachwitz ein Gut und errichtete dort ein originelles Haus (u. a. mit Schaukel für 30 Personen) sowie die einem Kartenhaus ähnliche Schule. Durch Dresden fuhr er mit einer merkwürdigen Kutsche (einem Blasebalg ähnlich) oder in einem verglasten Schlitten. Dem einfachen Volk entstammte der Uhrmacher Johann Karl Gottfried Rehhahn (1793–1865), der recht ungepflegt aussehend, als Liedersänger, Traumdeuter und Wahrsager durch die Straßen zog. Ein Sonderling war der Schankwirt Ernst Graf (1813–1866) von der Webergasse. Er lief wie Napoleon I. gekleidet durch die Gassen. Auf dem →*Neumarkt* bot die „Vogel-Marliese" (gest. 1832) in ei-

Büste von Hofnarr Fröhlich aus Meissener Porzellan®

Blumenfrau vom Altmarkt

Auch dieser Sterngucker gehörte zu Dresdens Originalen.

ner Bretterbude lauthals Singvögel an. Von vielen Originalen sind nicht einmal Lebensdaten bekannt. Wie vom witzigen Reise-Buchhändler Helmert, der durch seine Gutmütigkeit verarmt sein soll. Oder dem „Kinderschreck" Peter Groll, der eigentlich Herrmann hieß, früher Postschaffner war. Am →*Altmarkt* hatte die „Eierhanne" ihren Stand mit gekochten Eiern, die sie abends mit Liedern gewürzt in Lokalen verhökerte.

Pfunds Molkerei

Seit der Eröffnung 1892 wird ein Laden in der Dresdner Neustadt wegen seiner farbigen Majolikafliesen mit Motiven aus der Milchwirtschaft, Fabeltieren und floralen Elementen der Firma Villeroy & Boch als „schönstes Milchgeschäft der Welt" gerühmt – Pfunds Molkerei! Dieses Geschäft ist das letzte Zeugnis des Pfund'schen Imperiums.

Pfunds Molkerei ist immer eine Attraktion für Touristen.

1879 kam Milchbauer Paul Gustav Leander Pfund (1849–1923) aus Reinholdshain im Erzgebirge auf die Idee, seine Produkte in der sächsischen Residenz direkt zu vermarkten. Dazu stellte er sechs Kühe hinter eine große Glasscheibe. Der Kunde konnte sich selbst aussuchen, von welcher er die Milch kaufen wollte. Ein Jahr später stieg Bruder Friedrich als Teilhaber ein. Schon nach kurzer Zeit expandierte das Unternehmen „Dresdner Molkerei Gebrüder Pfund", das an der Bautzner Straße in der →*Neustadt* schließlich ein 14 000 Quadratmeter großes Firmengelände besaß, Milch von fast 200 Gütern rund um Dresden bezog. Bis 1930 richteten Pfunds in Dresden 55 Filialen, darunter reich verzierte Milch-Pavillons, ein. Vor allem nach Einführung der Dauerpasteurisierung um 1900 konnte der Absatz von Molkereiprodukten auf ganz Sachsen erweitert werden. Modernste Kühltechnik und Entrahmungsmaschinen wurden angeschafft. Im Jahre 1909 verkaufte man bereits 20 Millionen Liter Milch. 60 Verkaufswagen und 85 Austrageburschen waren für Pfund unterwegs. 1888 stellte Pfund als erster Molkereibesitzer Deutschlands Kondensmilch her. Die mit Zucker versetzte, in Vakuumapparaten eingedickte und in Blechdosen verpackte Milch von Pfund lieferte die Firma in die ganze Welt. Aushängeschild des Unternehmens, das bis 1978 von den Söhnen des Gründers weitergeführt wurde, war der bis heute erhaltene Milchladen im Erdgeschoss des Hauses Bautzner Straße 79.

Fliesen in Pfunds Molkerei

Queckbrunnen & weitere Brunnen

Spätestens ab der zweiten Hälfte des 15. Jahrhundert dienten öffentliche Brunnen der Trinkwasserversorgung in Dresden. 1556 bestanden bereits 36 Brunnen, wurden eine „Bornordnung" erlassen und Bornmeister angestellt. Im

Die Großanlage Neptunbrunnen

Der Queckbrunnen

Laufe der Zeit machte aber die Verlegung von Trinkwasserleitungen (zuerst aus Holz, erste 1476 erwähnt) die Brunnen überflüssig. Etwa 300 Brunnen gibt es heute im Stadtgebiet (71 in städtischer Verwaltung, andere in Obhut des Freistaates, von Privatleuten und Unternehmen) – nur wenige blieben jedoch aus alter Zeit erhalten. Darunter der Queckbrunnen, der sogar zu den Wahrzeichen Dresdens gehört: Ein viereckiges, 3,60 Meter hohes, Sandsteinhäuschen, das von einem Storch mit Wickelkind gekrönt wird. Allerdings war sein ursprünglicher Standort 100 Meter vom jetzigen (Straße Am Queckbrunnen) entfernt. 1461 als Brunnen der Gerbergemeinde erstmals erwähnt, stand das Queckborn-Wasser in dem Ruf, unfruchtbare Frauen zu gesegneten Kindermüttern zu machen. Kurze Zeit (1514 bis 1521) bestand eine Wallfahrtskapelle neben dem Brunnen. Ein sehr alter, bekannter Brunnen ist der Heilige Born in Leubnitz-Neuostra. Dieser Quelle schrieb man bereits im Mittelalter Heilwirkungen zu und machte sie zu einem Wallfahrtsort. Dresdens bedeutendste barocke Brunnenanlage ist der 48 Meter breite Neptunbrunnen mit dreigeschossiger Kaskade im ehemaligen Französischen Garten des Palais Brühl-Marcolini, welches seit 1845 zum Krankenhaus Friedrichstadt gehört. Lorenzo Mattielli (1687–1748) errichtete ihn ab 1744 nach Plänen von Zacharias Longuelune (1669–1748). 2013 wurde der Brunnen für 1,8 Millionen Euro saniert. Das antike Götterpaar Amphitrite und Poseidon auf dem Muschelwagen (gelenkt von Zephyr und Nereide) bekrönen ihn. Daneben bläst ein Triton ins Horn. Einst großartig inszeniert, haben Klinikbauten und umgebende Gebäude die Ensemblewirkung von Palais und Brunnen zerstört. An der Nordseite des Albertplatzes in der →*Neustadt* steht der 1907 von Hans Erlwein (1872–1914) geschaffene Rundtempel des Artesischen Brunnens. Das dazugehörige Brunnenhaus befindet sich rund 200 Meter weiter westlich, direkt neben dem 1929 im Auftrag der Sächsischen Staatsbank errichteten ersten Dresdner Hochhaus (Stahlbetonskelettbau, 40 Meter Höhe, 11 Stockwerke). Freiberger Bergleute hatten 1832/36 den Artesischen Brunnen erbohrt, dessen Wasser sommers wie winters mit 16 Grad Celsius aus eigener Kraft der Erde entströmt und durch eine unterirdische Leitung zum Zierbrunnen geführt wird.

Artesischer Brunnen

Rathaus

Das Dresdner Rathaus (Dr.-Külz-Ring 19) zählt zu den monumentalen Rathausbauten des 20. Jahrhunderts. Nach dem Entwurf des Architekten Karl Roth (1875–1932) wurde es bis 1. Oktober 1910 errichtet. Dem Neubau auf fast 10 000 Quadratmeter Grundfläche mussten u. a. die Bastion Jupiter, die Reformierte Kirche und das Palais Loß weichen. Die hohen Ziegeldächer und sandsteinverkleideten Fronten der vier- und fünfgeschossigen Gebäudeteile fügen sich vornehm ins Stadtbild ein. Im Inneren

Rathaus Dresden mit Rathausturm

Blick vom Rathausturm nach Osten

besitzt das Rathaus sechs Höfe, wovon einer als Lichthof ausgeführt ist. Zwischen drittem und viertem Hof erhebt sich auf einer vier Meter mächtigen Betonplatte der 98 Meter hohe Rathausturm mit Aussichtsplattform in 68 Meter Höhe sowie den überlebensgroßen allegorischen Sandsteinfiguren am Rundgang und der Turmuhr (vier Meter Durchmesser). Der auf der Spitze des Turmes stehende Dresdner Schutzpatron Herkules wurde von Richard Guhr (1873–1956) geschaffen. Aus vergoldetem Kupferblech gearbeitet, schüttet er sein Füllhorn über der Stadt aus. Für diesen 5 Meter hohen Rathausmann stand der Ringkämpfer Ewald Redam (1884–1947) Modell. Am Eingang zum Ratskeller befinden sich der Bacchus auf dem Esel und an der Goldenen Pforte zwei bronzene Wappenlöwen von Georg Wrba (1872–1939). Das imposante Treppenhaus mit Plafond-Ausmalung von Otto Gußmann (1869–1926) führt zum Festsaal und zum Plenarsaal der Stadtverordneten. Im →*Inferno vom 13./14. Februar 1945* zerstört, war das Rathaus 1965 wieder aufgebaut worden. Oberbürgermeister seit Mai 1945: Dr. h. c. Rudolf Friedrichs (1892–1947); ab Juli 1945 Johannes Müller (1892–1971); ab Februar 1946 Dr. Gustav Leißner (1890–1982); 1946/58 Walter Weidauer (1899–1986); 1958/61 Herbert Gute (1905–1975); 1961/86 Gerhard Schill (1925–2000); 1986/90 Wolfgang Berghofer (geb. 1943); 1990/2001 Dr.-Ing. Herbert Wagner (geb. 1948); 2001/08 Dr. Ingolf Roßberg (geb. 1961), seit 2008 Helma Orosz (geb. 1953).

Regierungsviertel

Zwei Monumentalbauten an der →*Elbe* gehören zum Regierungsviertel, in dem seit 1990 die zurzeit acht Ministerien des Freistaates Sachsen (war 1952 aufgelöst worden) untergebracht sind: Finanzen; Inneres; Justiz und Europa; Kultus; Soziales und Verbraucherschutz; Umwelt und Landwirtschaft; Wirtschaft, Arbeit und Verkehr; Wissenschaft und Kunst. Im 1900/04 nach dem Entwurf von Edmund Waldow (1844–1921) errichteten Gebäude des früheren Gesamtministeriums befinden sich heute der Sitz des Ministerpräsidenten, die Sächsische Staatskanzlei sowie das Umwelt- und Landwirtschaftsministerium. Diesem Gebäude folgt flussabwärts am →*Neustädter* Elbufer Sachsens Finanzministerium, in dem auch das Kultusministerium untergebracht ist. Der Neorenaissance-Bau entstand 1890/94 nach einem Entwurf von Otto Wanckel (1820–1912). Das Giebelbild aus Majolikaplatten mit den Wirtschaft und Kultur symbolisierenden Gestalten, die die Saxonia umgeben, schuf Anton Dietrich (1833–1904). Die prachtvolle Eingangshalle zählt zu den schönsten Räumlichkeiten Sachsens des 19. Jahrhunderts. Sachsens Ministerpräsidenten seit 1919: Dr. Georg Gradnauer (1866–1946); 1920–1923 Johann Wilhelm Buck (1868–1945); 1923 Dr. Erich Zeigner (1886–1949); 1923–1924 Alfred Karl Fellisch (1884–1973); 1924–1929 Max Wilhelm August Heldt (1872–1933); 1929–1930 Dr. Wilhelm Robert Ferdinand Bünger (1870–1937); 1930–1933 Walther Karl Alfred Schieck (1874–1946); 1933–1935 Manfred von Killinger (1886–1946); 1935–1945 Martin Mutschmann (Führer der Landesregierung und Reichsstatthalter, 1879–1947); 1945–1947 Dr. Rudolf Friedrichs (1892–1947); 1947–1952 Max Seydewitz (1892–1987); 1990–2002 Prof. Dr. Kurt Hans Biedenkopf (geb. 1930); 2002–2008 Prof. Dr. Georg Milbradt (geb. 1945); seit 2008 Stanislaw Rudi Tillich (geb. 1959).

Die Staatskanzlei

Residenzschloss

Wohn- und Regierungssitz der Wettiner war das königlich-sächsische Residenzschloss (Taschenberg 2). Es ist zwischen Theaterplatz, Schlossplatz, Schlossstraße, Taschenberg und Sophienstraße gelegen und mit der →*Katholischen Hofkirche Kathedrale Ss. Trinitatis*, dem →*Stallhof* (damit auch dem →*Fürstenzug*) sowie dem →*Taschenbergpalais* baulich verknüpft. Zu Beginn des 21. Jahrhunderts erfährt der Komplex, in dem sich über einen Zeitraum von 800 Jahren wichtige Abschnitte der sächsischen Geschichte von der Romanik bis zum 19. Jahrhundert widerspiegeln, eine glanzvolle Wiedergeburt als eins der bedeutendsten Museumszentren Europas. 1289 wurde erstmals eine kastellartige Anlage (Burghof 38 x 36 Meter) urkundlich erwähnt. Archäologische Ausgrabungen belegen jedoch eine um mindestens 100 Jahre ältere Baugeschichte. Mitte des 16. Jahrhunderts erweiterten Baumeister die vorhandene Substanz zu einer großzügigen Renaissance-Anlage. Nach dem verheerenden Brand 1701 erfolgte 1717 bis 1719 der erste Wiederaufbau mit einer barocken Ge-

Renaissanceschloss-Ensemble aus der Luft

staltung der Innenräume. Zur 800-Jahrfeier des Hauses Wettin wurde das Residenzschloss 1889/01 letztmalig umgebaut. Nachdem →*König Friedrich August III.* (1865–1933) im Jahre 1918 seinen Thronverzicht erklärt hatte, verlor es den Status einer königlichen Residenz. In den Paraderäumen eröffnete 1922 ein Schlossmuseum. 1945 bis auf die Grundmauern niedergebrannt, begann 1986 der Wiederaufbau. 1997 beschloss der Freistaat Sachsen den Ausbau zum neuen Domizil der Staatlichen Kunstsammlungen, die damit aus ihrer seit Kriegsende herrschenden Raumnot erlöst werden. Mit rund 340 Millionen Euro Gesamtvolumen ist es das größte staatliche Bauvorhaben Sachsens. Ein Teil der wichtigsten staatlichen →*Museen* sind hier zu finden: →*Grünes Gewölbe*, Münzkabinett, Kupferstichkabinett und Rüstkammer mit „Türckischer Cammer". Außerdem befinden sich die Generaldirektion der Staatlichen Kunstsammlungen und die Kunstbibliothek im Residenzschloss. Von der Aussichtsplattform des 100,27 Meter hohen Hausmannsturms (1400 errichtet, seit 1674/76 in heutiger Form) genießt man einen Blick über Dresden. Während auch Fürstengalerie und

Die „Englische Treppe"

„Englische Treppe" in alter Schönheit zu bewundern sind, harren z. B. noch die Paraderäume im Westflügel, der kleine Ballsaal im Georgenbau oder die lutherische Schlosskapelle ihrer Vollendung entgegen. Einer der bedeutendsten Räume, der Riesensaal im zweiten Obergeschoss des Ostflügels (fast 60 Meter lang, 13 Meter breit), wird im Rohbauzustand museal genutzt.

Sächsische Dampfschiffahrt

Kapitän ahoi! Die älteste und größte Raddampferflotte der Welt mit neun vollständig renovierten Seitenrad-Dampfern und vier modernen Salon- und Motorschiffen wie „August der Starke" und „Gräfin Cosel" startet di-

Dampferparade der Sächsischen Dampfschiffahrt

rekt im Herzen von Elbflorenz am Terrassenufer unterhalb der →*Brühlschen Terrasse*. Bereits 1836 hatten elf Dresdner Kaufleute und der Techniker Johann Andreas Schubert (1808–1870) die „Sächsische Elbdampfschiffahrts-Gesellschaft" gegründet, die am 30. Juli 1837 mit der „Königin Maria" (36,10 Meter langes Schiff) den Verkehr auf der Elbe aufnahm. Die heutige Sächsische Dampfschiffahrts GmbH & Co. Conti Elbschiffahrts KG verbindet mit diesen ersten Anfängen eine ununterbrochene Traditionslinie. Passagiere aller Kontinente begeistert der nostalgische Charme faszinierender Dampftechnik. Groß und Klein lassen sich vom Schnaufen der Maschinen, dem Rauch aus den Schornsteinen, den Signalpfeifen in eine Zeit vergangener Jahrhunderte entführen. Für Stadtrundfahrt, Schlösserfahrt oder die traumhaften Elbstrecken Dresden – Bad Schandau in die Sächsische Schweiz bzw. Dresden – Seußlitz entlang der Sächsischen Weinstraße stehen folgende historische Raddampfer (110 PS bis 350 PS; 160 bis 441 Plätze) zur Verfügung: „Stadt Wehlen" (Baujahr 1879), „Diesbar" (Baujahr 1884), „Meissen" (Baujahr 1885), „Pillnitz" (Baujahr 1886), „Krippen" (Baujahr 1892), „Kurort Rathen" (Baujahr 1896), „Pirna" (Baujahr 1898), „Dresden" (Baujahr 1926), „Leipzig" (Baujahr 1929).

Schloss Pillnitz

Zauberhafte Lustschlösser, romantische Parkanlagen – die einstige Sommerresidenz der Wettiner befindet sich auf der rechten Elbseite. Heute zur Staatlichen Schlösserverwaltung des Freistaates Sachsen zählend, ist in der Schlossanlage (August-Böckstiegel-Straße 2) das Museum für Kunsthandwerk der Staatlichen Kunstsammlungen Dresden untergebracht. Ursprünglich eine Fischersiedlung am Ausgang des Meixgrundes, kaufte Johann Georg IV. (1668–1694) im Jahre 1694 die Herrschaft von den Bünaus. Bereits 1403 befand sich hier ein Schloss. Der Kurfürst erwarb die Anlage für seine Mätresse Sibylle von Neitschütz, Reichsgräfin von Rochlitz (1675–1694). Auch sein Bruder und Erbe des Kurhutes Friedrich August I., der Starke (1670–1733) überließ Pillnitz einer Mätresse: Anna Constantia Gräfin von Cosel (1680–1765). Sein heutiges Aussehen verdankt Pillnitz

Wasserpalais von Schloss Pillnitz

Matthäus Daniel Pöppelmann (1662–1736) und Zacharias Longuelune (1669–1748). Sie lieferten August dem Starken, der 1720/21 die Bauarbeiten für das Wasserpalais befahl, die Entwürfe. Mit seinen geschweiften Dächern, der Bemalung und den Kapitellen der Säulen sollte das Palais den Eindruck eines „indianischen Lustschlosses" vermitteln. Von der Gondel-

Rote Tritonengondel

anlegestelle an der Elbe führt eine prachtvolle Freitreppe mit zwei Sphinxen aus der Werkstatt von Johann Christian Kirchner (1691–1732) zum Wasserpalais. Bis 1723 errichtete man das spiegelgleiche Bergpalais. Ab dem

Jahre 1765 wurde Pillnitz ständiger Sommersitz des Hofes. Nach den Erweiterungsprojekten Longuelunes verlängerte Christian Traugott Weinling (1739–1799) in den Jahren 1788/91 beide Palais durch zweigeschossige Flügelbauten mit geschwungenen Säulengalerien. Am 25. August 1791 wurde Pillnitz Schauplatz eines Monarchentreffens gegen die Französische Revolution. In ihrer Pillnitzer Deklaration erklärten Kaiser Leopold II. (1747–1792) und der preußische König Friedrich Wilhelm II. (1744–1797), die zusammen mit dem Grafen von Artois – dem späteren Ludwig XVIII. (1755–

Die Mailbahn westlich des Schlossareals in schönster Blütenpracht

1824) – Gäste des sächsischen Kurfürsten waren, ihr militärisches Vorgehen gegen das revolutionäre Frankreich. Sachsen beteiligte sich allerdings erst 1792 an diesem Reichskrieg. 1818 brannte das in Pillnitz seit dem Mittelalter bestehende Schloss ab, an dessen Stelle Christian Friedrich Schuricht (1753–1832) in den Jahren 1818/26 das Neue Palais schuf. Im Festsaal und der katholischen Schlosskapelle befinden

Nächtliche Vollmondstimmung über Schloss Pillnitz

sich Malereien von Carl Christian Vogel von Vogelstein (1788–1868). Wegen seiner Bepflanzung mit chinesischem Flieder erhielt der Hof des Neuen Palais die Bezeichnung Fliederhof. Auf der Nordwestseite der Schlossanlage legte man 1712/13 Labyrinthe von zierlich geschnittenen Weißbuchenhecken (1912 erneuert) an. Seit 1957 ist hier unter einem Wetterschutzdach die vergoldete Tritonengondel als letzte Prachtgondel des 19. Jahrhunderts ausgestellt, auf welcher die Königsfamilie einst die Elbstrecke zwischen Residenz und Sommersitz zurücklegte. Die sich Richtung Hosterwitz über 750 Meter erstreckende Rosskastanien-Allee heißt Mailbahn – nach einem golfähnlichen Spiel, dem man hier seit 1766 frönte. Zu den Sehenswürdigkeiten von Schloss Pillnitz gehört die etwa 8 Meter hohe japanische Kamelie im voll verglasten, abfahrbaren Schutzhaus (13 Meter hoch). Von vier um 1770 nach Europa gelangten Exemplaren überlebte nur diese eine. Erwähnenswert sind auch der 1784 von Weinling errichtete Englische Pavillon am Inselteich, die Orangerie von 1730, das Palmenhaus von 1859 und der 1804 von Schuricht erbaute Chinesische Pavillon.

Schwebeseilbahn & Standseilbahn

Die älteste Bergschwebebahn der Welt und eine weitere imposante eingleisige Bergbahn verbinden als funktions-

Schwebeseilbahn kurz vor der Bergstation

fähige technische Denkmale den →*Loschwitzer* Körnerplatz mit dem 84 Meter höher gelegenen Ortsteil Oberloschwitz bzw. dem 95 Meter höher gelegenen →*Weißen Hirsch*. Als erste Seilbahn Europas für den Personentransport wurde die Schwebeseilbahn 1898/1901 durch die Conti Gesellschaft Nürnberg und die Elektra-AG Dresden errichtet und am 6. Mai 1901 unter Anwesenheit Seiner Königlichen Hoheit des Kronprinzen Friedrich August (1865–1932) feierlich eröffnet. Wohlweislich hatte man auf der Höhe neben der Bahn das Ausflugsrestaurant „Loschwitzhöhe" (1968 geschlossen, 1977 abgerissen) gebaut, das half den Ansturm der ersten Monate auf diese Sensation abzufangen. Die beiden Wagen (274 Meter Streckenlänge) nutzen das von Carl Eugen Langen entwickelte Prinzip des Einschienenbahnsystems, hängen an Schienen (gestützt durch ein Gerüst aus 33 Tragjochen) und werden durch das 38 Millimeter starke Seil (16-fache Sicherheit) mit geringer Kraftaufwendung bewegt. Denn der talwärts fahrende Wagen hilft den sich bergauf bewegenden zu ziehen. Das gleiche Prinzip, nur mit auf der Schiene stehenden Wagen, nutzt

Hier begegnen sich die Wagen der Standseilbahn.

die 1894/1895 von der Eisenbahn-Bau- und Betriebsgesellschaft Berlin errichtete und am 26. Oktober 1895 eröffnete Standseilbahn (563 Meter Streckenlänge, von den Dresdnern Drahtseilbahn genannt). Bis 1900 auch dem Güterverkehr dienend, befördert sie seitdem ausschließlich Personen. Sie führt durch zwei Tunnel und über ein Viadukt am Hang des Loschwitzgrundes. Bei beiden Bahnen, die heute im Eigentum der Verkehrsbetriebe Dresden AG sind, wurde 1909 der Dampf- durch den Elektroantrieb abgelöst.

Semperoper & Sächsische Staatskapelle

Unter den Orchestern Europas ist sie ein Aristokrat, der zudem im wohl schönsten Opernhaus sein Domizil hat: die Sächsische Staatskapelle in Dresdens unvergleichlicher Semperoper (Theaterplatz 2)! Als drittes Operngebäude in der Geschichte Dresdens errichtete Gottfried Semper (1803–1879) von 1838/41 das neue Hoftheater für musikalische Aufführungen und Schauspiel.

Den dreigeschossigen massiven Sandsteinbau mit 1750 Plätzen in Parkett und vier Rängen bezeichnete man damals wegen seiner ausgewogenen Proportionen als schönstes Theater der Welt. Semper hatte neueste Erkenntnisse der Akustik und die damals gerade moderne Gasbeleuchtung in das Haus integriert. Hier war die Wirkungs-

Semperoper mit Theaterplatz

stätte von Richard Wagner (1813–1883, siehe →*Komponisten und Musiker*). Durch Fahrlässigkeit brannte die Oper am 29. September 1869 bis auf die Grundmauern ab. Ein hölzerner Interimsbau mit 1800 Plätzen war innerhalb von acht Wochen aufgebaut. 1871 legte man den Grundstein für die zweite Semperoper, deren Bau leitete bis zur Einweihung am 2. Februar 1878 Sempers ältester Sohn Manfred (1838–1913). Der Sandsteinbau im Stil der italienischen Hochrenaissance (82 Meter lang, 78 Meter breit, Bühnenhaus 42 Meter hoch) wies gegenüber dem Vorgängergebäude einige Veränderungen auf: einige Meter zurückgesetzt, Hauptschauseite zum Theaterplatz, bronzene Pantherquadriga mit Dionysos und Ariadne von Johannes Schilling (1828–1910), diverse neue Statuen verschiedener Künstler an den Seitenfronten. Die Elbseite zierten Motive des antiken Theaters und die Zwingerseite Themen des modernen Dramas. Ein Kunstmaler-Team übernahm die Ausstattung der Vestibüle und Foyers. Im Zuschauerraum mit fünf Rängen gab es 1468 Sitz- und 100 Stehplätze (heute 1309 Sitzplätze). Proszeniumsbild und Bilder des Deckenplafonds waren Ar-

Christian Thielemann am Pult der Sächsischen Staatskapelle Dresden

beiten von James Marshall (1838–1902). Den Schmuckvorhang schuf Ferdinand von Keller (1842–1922). Hofmechaniker Johann Friedrich Gutkäs (1784–1845) konstruierte als eine Art digitalen Vorläufer die Fünfminuten-Uhr, die in kleinerer Ausführung bereits Sempers erste Schöpfung geziert hatte. Unter den Dirigenten Ernst Edler von Schuch (1846–1914), Fritz Busch (1890–1951) und Karl Böhm (1894–1981) erlebte die Dresdner Oper bis 1942 ihre legendäre Glanzzeit. Im →*Inferno vom 13./14. Februar 1945* zerstört, wurde das Dresdner Opernhaus von 1977 bis zur Einweihung am 13. Fe-

bruar 1985 unter Chefarchitekt Wolfgang Hänsch (1929–2013) wieder aufgebaut. Seit 2006 findet hier alljährlich zum Jahresanfang mit dem →*SemperOpernball* das wohl wichtigste Ballereignis Deutschlands statt.
In der Semperoper hat die Sächsische Staatskapelle – ein weltweit anerkanntes Spitzenorchester – ihr Zuhause. Richard Strauss (1864–1949) nannte es eine „Wunderharfe". Fand er doch für neun Uraufführungen seiner Opern in der Staatskapelle ein erlesenes Solisten-Ensemble. Die Geschichte des Ausnahme-Orchesters (etwa 150 Musiker) mit jährlichen Tournee-Verpflichtungen auf fast allen Kontinenten und rund 230 Aufführungen in Dresden geht bis zum Jahre 1548, dem Gründungsjahr der Dresdner Hofkapelle als „Cantorei", zurück. Hier waren im Laufe der Jahrhunderte neben den bereits genannten u. a. Heinrich Schütz (1585–1672), Johann Adolf Hasse (1699–1783), Johann Gottlieb Naumann (1741–1801), Carl Maria von Weber (1786–1826), Franz Konwitschny (1901–1962), Giuseppe Sinopoli (1946–2001) oder Fabio Luisi (geb. 1959) Kapellmeister. Chefdirigent ist heute Christian Thielemann (geb. 1959).

SemperOpernball

Russlands Präsident Wladimir Putin (geb. 1952) oder Schwedens Königin Silvia (geb. 1943) zählen seit 2006 zu den berühmten Gästen des Dresdner SemperOpernballs, der mit einem Brillant-Feuerwerk ganz eigener Akzente wie dem Openairball der Zehntausend dem Wiener Opernball Konkurrenz macht. Im Lande Augusts des Starken (1670–1733), welcher wie kein anderer deutscher Barockfürst zu feiern und zu repräsentieren verstand, erlebt damit eine jahrhundertealte sächsische Tradition ihre zauberhafte Renaissance. Der erste Opernball in der →*Semperoper* fand am 21. Februar 1925 statt. Bis 1929 und von 1933 bis 1939 wurde jährlich ein Ball veranstaltet. Im Juli 1989 kreierte man ein viertägiges Musenfest. Doch zur international bekannten Marke wurde erst der SemperOpernball, den seit Anbeginn Enthusiasten des Semper Opernball e. V. um Impresario Prof. Hans-Joachim Frey (geb. 1965) organisieren. Dafür werden Zuschauerraum und Bühne aufwändig zum Ballsaal umgebaut. Für die rund 2300 Gäste aus aller Welt stehen ca.

Der umgebaute Zuschauerraum zum SemperOpernball

2200 Servicekräfte bereit. Nach einem live via TV übertragenen Klassik-Show-Programm eröffnen ca. 80 Debütanten-Paare auf dem 420 Quadratmeter großen Tanzparkett aus Eichenholz die Ballnacht. Ein Höhepunkt des SemperOpernballs ist die Verleihung des „Dresdner St. Georgs Ordens des SemperOpernballs" (bis 2009 „Sächsischer Dankorden") aus purem Gold an international bekannte Persönlichkeiten. Er ist einem der wertvollsten Schmuckstücke des →*Grünen Gewölbes* nachempfunden und zeigt neben dem lateinischen Wahlspruch „Adverso Flumine" („Gegen den Strom") das Bildnis des Heiligen Georg zu Pferde.

Sixtinische Madonna

Etwa 3000 Gemälde beherbergt die weltberühmte Gemäldegalerie Alte Meister im Semperbau des →*Zwingers*. Deutsche, niederländische, flämische, französische, italienische und spanische Meister des 14. bis 18. Jahrhunderts werden hier gesammelt. Doch die Sixtinische Madonna ist der Inbegriff aller Kunstschätze Dresdens, das alles überstrahlende Kronjuwel. Ein Zeichen ihrer außergewöhnlichen Bekanntheit ist auch, dass die beiden pausbäckigen Engel vom unteren Gemälderand der „Sixtina" in zahllosen Adaptionen zu Werbe- und Sympathieträgern geworden sind. Bereits 1700 hatte man 342 Gemälde in die Kunstkammer eingegliedert. 1728 umfasste die Kollektion 3592 Gemälde. Doch unter Kurfürst Friedrich August II. (1696–1763) erlebte sie Zeiten enormer Bestandszuwächse. Dazu gehörten 1741 bis 1749 die Ankäufe von 268 Bildern der Wallenstein'schen Sammlung aus Dux, etwa 200 niederländischer Bilder aus Amsterdam und Den Haag, 69 Bilder der Kaiserlichen Galerie aus Prag und 100 Bilder aus der Sammlung des Herzogs Francesco III. von Modena. Alles wurde durch den Kauf der Sixtinischen Madonna im Jahre 1754 in den Schatten gestellt. Die Madonna als Siegesgöttin war ein Altarbild, das Raffaello Santi (1483–1520) im Jahre 1512/13 im Auftrag des Papstes Julius II. (1443–1513) für den Altar der Klosterkirche San Sisto in Piacenza gemalt hatte. Nach zähen Verhandlungen verkauften die Benediktiner August II. das 269,5 x 201 cm große Gemälde für 12 500 Dukaten – ein Preis, der noch nie vorher für ein Gemälde bezahlt worden war! In einer 4 x 3 Meter großen Kiste traf die „Sixtina" nach Überquerung der Alpen über Tirol und Augsburg am 1. März 1754 in Dresden ein. In ihrer heutigen Präsentation wird die „Sixtina" u. a. durch eine Platte aus Panzerglas besonders geschützt.

Die Sixtinische Madonna ist das Juwel der Alten Meister.

Staatsoperette Dresden

Operetten, Spielopern und Musicals führt das einzige selbstständige Operettentheater Deutschlands (Pirnaer Landstraße 131) im Stadtteil Leuben

„Gasparone" an der Staatsoperette

auf und setzt damit fast 250 Jahre Volkstheater-Tradition in Dresden fort. Nachdem im →*Inferno vom 13. Februar 1945* bekannte Spielstätten wie das einstige „Albert-Theater", das „Central-Theater" oder das Gebäude des „Residenztheaters" zerstört wurden, gründete Georg Wörtge im Leubener „Feenpalast" – einem Ballhaus mit großem Saal – am 18. August 1947 das neue „Apollo-Theater". Zu den ersten Premieren zählten Franz Lehárs (1870–1948) „Die lustige Witwe" und Paul Abrahams (1892–1960) „Die Blume von Hawaii". Da Operetten den Schwerpunkt des Spielplans bildeten, nannte man das Haus ab 1950 „Staatliches Operettentheater", seit 1967 „Staatsoperette Dresden". Anders als es der Name vielleicht suggeriert, gehört die Staatsoperette, die ab Ende 2016 in das umgebaute Kraftwerk Mitte im Stadtzentrum umziehen soll, der Stadt Dresden. Intendant ist seit 2003/04 Wolfgang Schaller (geb. 1951), Chefdirigent seit 2013/14 Andreas Schüller (geb. 1974).

Ab 2017 wird im Kraftwerk Mitte gespielt.

Stadtfest & andere Volksfeste

Fast das ganze Jahr über wird in Sachsens Landeshauptstadt gefeiert. Zum besucherreichsten Event hat sich neben dem →*Striezelmarkt* das Stadtfest im August (seit 1998 veranstaltet) etabliert, welches viele Themen – vom Dampfschifffest bis zum Mittelaltermarkt – bietet und die gesamte Innenstadt beiderseits der →*Elbe* nutzt. Noch sieben Jahre älter als die →*Dresdner Musikfestspiele* ist das Internationale Dixielandfestival. Es wird jedes Jahr im Mai gefeiert und macht die Stadt zum „New Orleans Europas". Was 1971 mit einer Bühne und sechs Bands aus vier Ländern begann, hat sich heute mit jährlich mehr als 500 000 Besuchern zu einem internationalen Ereignis der Jazz- und Blues-Szene entwickelt. Über 30 Dixieland-Bands aus aller Welt – natürlich auch aus den US-Südstaaten – machen Elbflorenz zum swingenden „Hexenkessel". Ein weit über Dresden hinaus bekanntes Heimat-, Kunst- und Kulturfest findet seit 1991 am letzten Juni-Wochenende in einer der sehr reizvollen Kulturlandschaften Sachsens statt – das Elbhangfest! Das Miteinander von sächsischem

Neustädter Ufer, Augustusbrücke und Brühlsche Terrasse beim Stadtfest

Flair, vielfältigen Musikstilen, Kostümen und Kunstobjekten entlang der 7 km langen Festmeile (→*Loschwitz*, Wachwitz, Niederpoyritz, Hosterwitz und Pillnitz) macht den besonderen Charakter des Festes aus, welches sich auf Dorfplätzen, in Parks und Villen am Ufer der Elbe und den Hängen abspielt. Stadtweit beliebt sind weitere Feste im Juni: das Pieschener Hafenfest (erstmals 1923 als Strandfest begangen) und die Bunte Republik Neustadt (seit 1991 in der →*Neustadt*). Letzteres bietet schrille Stadtteilkultur im buntesten Viertel Dresdens und lebt von zahlreichen spontanen Aktionen. Nicht zu vergessen die im Laufe der Jahre von den Johannstädter Elbwiesen auf das Festgelände neben der Marienbrücke verdrängte Vogelwiese. Dieses Volksfest entwickelte sich aus dem 1440 erstmals erwähnten Armbrustschießen der Bogenschützengesellschaft. Zur goldenen Vogelwiesenzeit um 1932 umfasste die 110 000 Quadratmeter große Festwiese mit sieben Quer- und Längsstraßen 77 Schankstätten, 277 größere und 300 kleinere Verkaufsstände sowie 125 Fahrgeschäfte.

Stallhof

Zwischen →*Neumarkt*, Augustus- und Schlossstraße befindet sich ein Juwel der Renaissance in Dresden – der Stallhof. Er wird vom ehemaligen Stallgebäude, dem heutigen Johanneum, vom Langen Gang, vom Georgenbau des →*Residenzschlosses* und dem als Residenz des katholischen Bischofs und Haus der Kathedrale 1998 wieder aufgebauten Kanzleihaus begrenzt.

Heutiger Stallhof in Renaissance-Pracht

Bis in die Mitte des 18. Jahrhunderts fanden hier zur Vergnügung des Hofes Turniere, Ringelstechen, Hetzjagden und Fuchs-prellen statt. Dafür wurden vor der Bogengalerie des Langen Ganges die Rennbahn errichtet, zwei von Giovanni Maria Nosseni (1544–1620) entworfene Bronzesäulen für das Ringelstechen aufgestellt, die gemauerte Pferdeschwämme und die Rampe zum ehemaligen Schlossgebäude angelegt. Im Auftrag von Kurfürst Christian I. (1560–1591) schufen Paul Buchner (1531–1607), Hans Irmisch (1526–1597) und Nosseni von 1586 bis 1591 mit etwa 2000 Arbeitern diese prächtige Anlage. Für das Baugelände beseitigte man gegen 19 657 Gulden Entschädigung aus der kurfürstlichen Kasse die ehemalige Synagoge und 24 Bürgerhäuser. Die Bildhauerarbeiten stammen u. a. von Andreas Walther (um 1556/61–1596), die Sgraffiti und die Renaissance-Sonnenuhr von Heinrich Göding d. Ä. (1531–1606). Der im 19. Jahrhundert durch Umbauten verloren gegangene Renaissance-Charakter wurde 1935 wieder hergestellt, jedoch in der Bombennacht des 13./14. Februar 1945 zerstört. Seit 1979 erstrahlt der Dresdner Stallhof in alter Pracht.

Sonnenuhr aus dem 16. Jahrhundert

Der alte Stallhof vor 1945

Striezelmarkt

Wohl der älteste und traditionsreichste deutsche Weihnachtsmarkt mit jährlich rund 2,5 Millionen Besuchern ist der erstmals am 14. Oktober 1434 urkundlich erwähnte Dresdner Striezelmarkt. Weil er einst vor allem der Versorgung der Dresdner mit →*Christstollen* diente, die in Dresden auch Striezel genannt werden, bürgerte sich der charakteristische Name ein. Gestatteten die sächsischen Herzöge Friedrich der Sanftmütige (1412–1464) und sein Bruder Sigismund (1416–1471) ursprünglich nur die Abhaltung des Marktes am Heiligen Abend, wandelte sich das Marktdatum und vor allem die

Der Striezelmarkt gilt als ältester deutscher Weihnachtsmarkt.

Anschnitt des Riesenstollens beim Stollenfest

Zeitdauer im Laufe der Jahrhunderte: Ab 1548 legte man den Striezelmarkt auf den Montag vor Weihnachten, ab 1710 durfte er drei, später acht Tage andauern. In heutiger Zeit beginnt er schon Ende November und schließt in den Mittagsstunden des 24. Dezember. Seinen Stammplatz hat er auf dem →*Altmarkt*. Ausweichen musste er jedoch auch schon auf den →*Neumarkt*, den Neustädter Markt, den Albertplatz oder den Postplatz. Unter einer über 20 Meter hohen und etwa 80 Jahre alten Fichte und der 14,62 Meter großen erzgebirgischen Stufenpyramide mit 42 Figuren stehen die aufwändig geschmückten Häuschen von über 230 Händlern. Neben den weihnachtlichen Spezialitäten Dresdner Bäcker findet man auf dem Striezelmarkt die Pulsnitzer Pfefferkuchen, original erzgebirgische Pyramiden, Räuchermänner, Nussknacker und Weihnachtskrippen, Herrnhuter Sterne, Töpferware aus der Lausitz sowie thüringischen Weihnachtsbaumschmuck aus Glas. Eine besondere Dresdner Spezialität darf auf dem Striezelmarkt nicht fehlen – der Pflaumentoffel! Dieser verzehrbare Glücksbringer in Gestalt eines Schornsteinfegers besteht aus Backpflaumen. Seit 2004 beginnt der Striezelmarkt mit dem ökumenischen Gottesdienst in der benachbarten →*Kreuzkirche*, der musikalisch vom Dresdner Kreuzchor und den Dresdner Kapellknaben gestaltet wird. Am Samstag vor dem zweiten Advent feiern Dresdner und Gäste seit 1994 das Dresdner Stollenfest. Für dieses wird ein Riesenstollen gebacken (Rekord 4,246 Tonnen), in feierlicher Prozession zum Markt geleitet und dort für einen guten Zweck in 500-Gramm-Portionen verkauft.

Taschenbergpalais

Einst ein barocker Mätressen-Palast, empfängt das Taschenbergpalais (Taschenberg 3) heute als Sachsens luxuriösestes 5-Sterne-Hotel Gäste. Schon 1705 befahl Kurfürst Friedrich August I., der Starke (1670–1733), die Errichtung eines Palais für seine Geliebte Anna Constantia von Hoym (1680–1765), die nach Augusts Fürsprache sogar vom Kaiser zur Reichsgräfin von Cosel ernannt wurde. Direkt neben dem →*Residenzschloss* auf dem Taschenberg errichteten Johann Friedrich Karcher (1650–1726) und Matthäus Daniel Pöppelmann (1662–1736) in den Jahren 1607–1611 das Taschenbergpalais. Die prächtige Fas- sade des 48 Meter langen Mittelbaus schmücken Ornamente, Balkone und ein opulent gestaltetes Hauptportal. Wegen seines orientalischen Interieurs trug das Palais anfänglich die Bezeichnung „Türkisches Haus". Augusts ehrgeizige Mätresse, die dem Landesherrn zwar drei Kinder geschenkt, ihn aber auch um 20 Millionen Taler ärmer gemacht hatte, fiel 1713 in Ungnade und wurde wegen ihrer politischen Ambitionen 1716 bis zum Lebensende auf die Festung Stolpen verbannt. Von 1719 bis zum Anfang des 20. Jahrhunderts diente das Taschenbergpalais der jeweiligen Kronprinzenfamilie als Wohngebäude, beherbergte Gäste des Königs und wurde Prinzenpalais genannt. Um- und Erweiterungsbauten erfolgten in den

Russisch-Orthodoxe Kapelle im Hotel Taschenbergpalais Kempinski

1995 aus Ruinen auferstanden: Taschenbergpalais in der historischen Altstadt

Jahren 1756 bis 1763, 1825 und 1843. Nach dem Ende der Monarchie zogen u. a. staatliche Verwaltungen wie die Generalintendanz der Staatstheater ein. 1945 brannte das Palais völlig aus, 1993 begann die ADVANTA AG mit dem originalgetreuen Wiederaufbau. Als Hotel Taschenbergpalais Kempinski Dresden vereint das Grand Hotel seit 1995 den Charme der Vergangenheit mit dem Esprit der Moderne. Die eleganten Zimmer und Suiten sind bis zu 4,80 Meter hoch. Höhepunkt erlesensten Komforts ist die 360 Quadratmeter große Kronprinzensuite.

Universitäten & Hochschulen

Bedeutendste Ausbildungsstätte der Landeshauptstadt ist die **Technische Universität Dresden** (ca. 37 000 Studenten; ca. 8000 Wissenschaftler/Mitarbeiter; Rektor: Prof. Dr.-Ing. Hans Müller-Steinhagen, geb. 1954), deren Geschichte bis zur 1828 gegründeten Technischen Bildungsanstalt zurückreicht. Mit ihren 14 Fakultäten einschließlich der Medizinischen Fakultät „Carl Gustav Carus" in Dresden-Johannstadt (21 Kliniken, 3 Institute, 2300 Ärzte/Krankenschwestern u. Pfleger, 1295 Betten) und der Sächsischen Landes-, Staats- und Universitätsbibliothek im Campus am Zelleschen Weg (2215 Benutzerarbeitsplätze, 5,3 Millionen Bestandseinheiten) ist sie selbst eine kleine Stadt. An exponierter Stelle steht an der →*Brühlschen Terrasse* die 1894 erbaute ehemalige Königliche Kunstakademie. Sie ist eins von den drei Gebäuden der **Hochschule für Bildende Künste Dresden** (657 Studenten; 98 Dozenten/Mitarbeiter; Rektor: Matthias Flügge, geb. 1952), geht auf eine kurfürstliche Gründung aus dem Jahre 1764 zurück. Zu den ältesten Bildungseinrichtungen ihrer Art gehört die 1856 eröffnete **Hochschule für Musik „Carl Maria von Weber"** (600 Studenten; 119 Dozenten/Mitarbeiter; Rektor: Prof. Ekkehard Klemm, geb. 1958). Die 1925 von Gret Palucca (1902–1993) ins Leben gerufene **Palucca Schule Dresden Hochschule für Tanz** (193 Studenten; 70 Dozenten/Mitarbeiter; Rektor: Jason Beechey, geb. 1970) am Basteiplatz ist die einzige staatliche Hochschule für Tanz Deutschlands. Ihre Studienschwerpunkte liegen bei Tanz, Choreographie und Tanzpädagogik. Am Käthe-Kollwitz-Ufer an der Elbe ist die 1949 gegründete **Hochschule für Kirchenmusik Dresden** (40 Studenten; 17 Do-

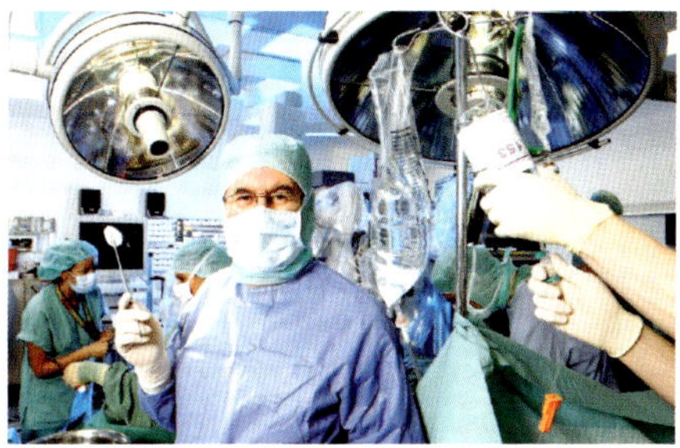

Urologie-Professor Dr. med. Manfred Wirth im Uni-Klinikum

Hauptlesesaal der Sächsischen Landesbibliothek, Staats- und Universitätsbibliothek Dresden

zenten/Mitarbeiter; Rektor: Prof. Stephan Lennig, geb. 1975) zu finden. Im Gebäude der ehemaligen Hochschule für Verkehrswesen hinter dem Hauptbahnhof hat die 1992 gegründete **Hochschule für Technik und Wirtschaft Dresden** (5272 Studenten; 440 Dozenten/Mitarbeiter; Rektor: Prof. Dr.-Ing. habil. Roland Stenzel, geb. 1955) ihren Sitz. Weiterhin existieren in Dresden die 1991 gegründete **Evangelische Hochschule für soziale Arbeit Dresden** (700 Studenten; 69 Dozenten/Mitarbeiter; Rektor: Prof. Dr. Holger Brandes, geb. 1952) an der Dürerstraße, die 1998 an den Traditionsstandort Staufenbergallee verlegte **Offiziersschule des Heeres** der Bundeswehr (800 Offiziersanwärter; 87 Ausbilder; Kommandeur: Brigadegeneral Christian Westphal, geb. 1953) sowie die 2003 gegründete **Dresden International University** (2374 Studenten; 300 Professoren/Dozenten; Präsident: Prof. Dr. Hans Wiesmeth, geb. 1950) an der Freiberger Straße.

Waldschlößchenbrücke

Ihr Name steht für die erste Aberkennung eines Weltkulturerbetitels in der Geschichte der UNESCO. Erst wurde die einzigartige Kulturlandschaft des Dresdner Elbtals (19,3 Quadratkilometer Fläche beiderseitig der Elbufer) 2004 in die UNESCO-Weltkulturerbe-Liste aufgenommen. Wegen des fortschreitenden Brückenbaus strich man Dresden 2009 wieder von der Liste. Nach eindeutigem Votum der Bürger mit 67,9 Prozent für den Brückenbau im Jahre 2005 war am 19. November 2007 der offizielle Baubeginn dieser umstrittenen Flussquerung, die Planer schon 100 Jahre zuvor als interessant erachtet hatten. Mit dem Wachsen des Corpus Delicti schwanden allerdings die lokalen Proteste und Widerstände (z. B. Sitzblockaden, Anschläge, Baustoppanträge, Klagen), die Dresden über Jahre in Atem gehalten, die Bürgerschaft gespalten hatten. Schließlich korrespondiert die Brücke mit der sensiblen Umgebung, hielten die Planer sämtliche Naturschutzauflagen ein. Extra High-tech-Blitzer für 160 000 Euro und 220 000 Euro teure Strauchreihen als Flugschneisen sorgen für den Schutz der Fledermausart Kleine Hufeisennase. Nach einem großen Brückenfest rollt seit August 2013 der Verkehr über die 636,10 Meter lange und 24,40 Meter bis 28,80 Meter breite Brücke (180,5 Millionen Euro Baukosten), welche andere Elbbrücken und Nebenstraßen entlastet.

Waldschlößchenbrücke vom Neustädter Elbufer

Weinbau

Elbflorenz liegt an der rund 60 Kilometer langen Sächsischen Weinstraße, die sich von Pirna bis Diesbar-Seußlitz mit insgesamt 462 Hektar Rebhängen erstreckt. Davon befinden sich 34,52 Hektar im Stadtgebiet von Dresden. Zu den nördlichsten

Nach der Arbeit treffen sich Winzer vor der Ev.-Luth. Weinbergkirche Pillnitz auf einen Wein.

Weinanbaugebieten Europas zählend, werden hier seit rund 1000 Jahren (urkundlich seit 1161 nachweisbar) Reben kultiviert. Zuerst wohl eine Domäne der Mönche, kam der Weinbau nach seiner Blütezeit im 16./17. Jahrhundert u. a. durch die Reblauskatastrophe ab 1885 fast gänzlich zum Erliegen. Ab 1908 wurde wieder aufgerebt. Zeugen der reichen Weinkultur sind vor allem die Steilterrassen und Weinbergsmauern an den rechtselbischen Hängen. In →*Loschwitz* erhielt sich die Winzersäule, im „Königs Weinberg" zu

Dinglingers Weinberg in Loschwitz

Wachwitz das Presshaus von 1799. Ein Kleinod ist die Ev.-Luth. Weinbergkirche Pillnitz inmitten der Rebhänge. Neben wenigen großen und einigen kleineren Weingütern führen heute Hobbywinzer, die zumeist in der Sächsischen Winzergenossenschaft Meißen zusammengeschlossen sind, die Weintradition im Elbtal fort. Wichtigste Einzellage Dresdens ist der Pillnitzer Königliche Weinberg mit seinem Loschwitz-Wachwitzer Teil. Neuaufrebungen gab es innerhalb der letzten 20 Jahre auch unterhalb der →*Loschwitzer Elbschlösser,* auf Dinglingers Weinberg – dem Weingut mit hübschem Landhaus und Pavillon von Hofjuwelier Johann Melchior Dinglinger (1664–1731) in Loschwitz – und in Cossebaude. Als selbstständige Weinerzeuger auf Dresdens Flur arbeiten z. B. Weinbau Fehrmann, die Böttcherei und Weinbau Rolf Götze, Winzer Lutz Müller oder Winzer Klaus Zimmerling. Bevorzugte Rebsorten sind Weißburgunder (6,44 Hektar), Spätburgunder (4,49 Hektar), Riesling (4,40 Hektar), Traminer (3,75 Hektar), Müller Thurgau (3,28 Hektar), Grauburgunder (2,46 Hektar), Dornfelder (2,06 Hektar), Kerner (1,87 Hektar).

Weißer Hirsch

Nobel darf man den Villenort nennen, der seinen Namen nach dem Gasthaus „Zum Weißen Hirsch" (seit 1688 Schankrecht) erhielt, 1921 durch Eingemeindung zu Dresden kam und im DDR-Endzeit-Roman „Der Turm" von Uwe Tellkamp (geb. 1968) für großbürgerliches Leben im SED-Staat steht. Wie →*Loschwitz* entwickelte er sich zur bevorzugten Wohnlage für Wissenschaftler, Künstler, Beamte und Geschäftsleute.

Eng verbunden ist die Geschichte des Weißen Hirsches mit dem Lahmann-Sanatorium. Dr. med. Heinrich Lahmann (1860–1905) aus Bremen gilt als der umfassendste Vertreter der Natur-

Rekonstruiertes Herrenbad im „Dr. Lahmann Park"

heilverfahren seiner Zeit und als der entscheidende Mitbegründer der wissenschaftlichen Naturheilkunde. Am 16. Oktober 1887 pachtete der 28-jährige Arzt das Fridabad von einer Krankenkasse und eröffnete es am 1. Januar 1888 unter dem Namen „Dr. Lahmanns physiatrisches Sanatorium". Das vorbildlich geführte Gesundheits-Institut prosperierte gewaltig. Die überragende Bedeutung zeigte sich an seinen prominenten Patienten aus Hochadel, Politik, Wirtschaft, Kunst und Kultur. Zu ihnen gehörten Franz Kafka (1883–1924), Paul Lincke (1866–1946), Zarah Leander (1907–1981) und Prof. Hugo Junkers (1859–1935). Aber auch Nazigrößen wie Dr. phil. Joseph Goebbels (1897–1945) kurten hier. Im II. Weltkrieg wurde das Sanatorium als Reservelazarett genutzt, von 1946 bis 1992 war es Militärkrankenhaus unter sowjetischer Verwaltung. Seit 2014 entstehen auf dem 35 000 Quadratmeter großen Gelände im „Dr. Lahmann Park" über 100 luxuriöse Eigentumswohnungen und Einfamilienhäuser. 1897 gründete der in Brasilien als Kind deutscher Eltern geborene Dr. med. Heinrich Teuscher (1862–1946) an der heutigen Chopinstraße ein weiteres Sanatorium. Der wirtschaftliche Aufschwung des Weißen Hirsches bis zum Ende der 1930er-Jahre ging einher mit dem Bau von Fremdenheimen, Hotels, Konditoreien und Restaurants. Die 1895 eröffnete Aussichtsgaststätte „Luisenhof" wird auch „Balkon Dresdens" genannt. Im Fremdenheim „Felsenburg" logierte z. B. Oskar Kokoschka (1886–1980). Das chinesische Teehaus der Internationalen Hygiene-Ausstellung fand 1912 als Lesehalle für Kurgäste im

Wohnschloss der Familie von Ardenne mit Privatobservatorium

Aussichtsgaststätte „Luisenhof" und Villa „San Remo"

Rathausgarten seinen Platz. Die Familie Bettenhausen errichtete 1911/12 das Parkhotel, am Heiderand legte man einen großen Golfplatz an. Auf der Ortsflur befinden sich mit der Schwestern- und der Degelequelle zwei bekannte Wasserfassungen. 1928 wurde auf dem Konzertplatz auch ein Trinkwasserbrunnen erbohrt. Gefördert durch den kaiserlich-russischen Staatsrat Nikolaus Stange (1819–1902) baute Architekt F. Richard Schaeffen bis 1889 an der Luboldtstraße ein hölzernes Gotteshaus, das der Kirche Wang im schlesischen Riesengebirge (heute Krummhübel, Polen) nachempfunden ist. An der Collenbuschstraße befand sich das Wohnhaus des dänischen Dichters Martin Andersen-Nexö (1869–1954), der Dresden 1952 zu seinem Alterssitz machte. Von 1955 bis zu seinem Ableben wohnte auf der Preußstraße der ehemalige Generalfeldmarschall Friedrich Paulus (1890–1957), der Verlierer der Schlacht von Stalingrad Anfang 1943. Im Jahre 1955 gründete der Universalwissenschaftler Manfred Baron von Ardenne (1907–1997) rund um die Zeppelinstraße und Plattleite sein Forschungsinstitut. Bis heute existieren diverse Ardenne-Unternehmungen (siehe →*Erfinder und Erfindungen*). 2006 eröffnete Sternekoch Stefan Hermann (geb. 1970) am Weißen Hirsch den Gourmet-Tempel „bean & beluga".

Yenidze

„Salem Aleikum" sagen alte Dresdner, wenn sie an dem orientalisch anmutenden Gebäude nahe dem Stadtzentrum (Weißeritzstraße 3) vorbeigehen, das im Volksmund „Tabakmoschee" heißt. 1908 bis 1909 ließ der Sächsische Geheimrat, Königlich Bulgarische Generalkonsul a. D. und Ritter Hugo Zietz (1857–1927) sein Fabrikgebäude für die Zigarettenfertigung wie eine Moschee erbauen. Der Tabakpionier und Hoflieferant Seiner Majestät des Königs von Sachsen hatte 1886 seine „Orientalische Tabak- und Cigarettenfabrik Yenidze" – benannt nach einem türkischen und später griechischen Ort – gegründet, produzierte weltbekannte Marken wie „Salem Aleikum" oder „Salem Gold", besaß Niederlassungen in Seifhennersdorf, Danzig, Memel und Köln. Der orientalische Bau mit Jugendstilformen (zehn Geschosse) und gläserner, 62 Meter hoher Kuppel stellt eines der frühesten deutschen Hochhäuser in Stahlbetonbau dar: Mit einer Fassade aus Putz und rotem Kunststein sowie Portalen, welche von bunten „orientalischen" Kacheln eingefasst werden. Die Schornsteine sind als Minarette stilisiert. Nach der Inbetriebnahme war die Tabakmoschee ein allseits geschmähtes Bauwerk, den Architekten Professor Hermann Martin Hammitzsch (1878–1945) schloss man sogar aus der Reichsarchitektenkammer aus. Später wurde er allerdings noch Direktor der Dresdner Bauschule, heiratete 1936 Angela Hitler, verwitwete Raubal (1883–1949), die Halbschwester von Adolf Hitler (1889–1945). Heute ist das Gebäude ein Bürohaus im Besitz der Berliner EB-Group von Enver Büyükarslan (geb. 1974).

Die „Yenidze" bringt orientalisches Flair nach Dresden. Im Hintergrund die Rebhänge der Lößnitz

Zoo Dresden

Am Südrand des →*Großen Gartens* befindet sich auf einer Fläche von rund 13 Hektar (Tiergartenstraße 1) der viertälteste Tiergarten Deutschlands. 1861 eröffnete ihn der „Aktienverein für den Zoologischen Garten zu Dresden". Schon in den ersten Jahren entstanden ein heizbares Affenhaus, ein beheiztes Winterhaus (1911/12 zum Aquarium umgebaut), Büffel- und Eulenhaus, der Bärenzwinger, Blockhäuser für Hirsche und Rehe. Es folgten im Jahre 1864 das Raubtierhaus, 1874 das Elefantenhaus, 1875 das Giraffenhaus, 1883 ein großes Vogelhaus. Unter Direktor Gustav Brandes (1862–1941) wurde der Tierpark zum modernen Zoo umgestaltet, der die naturgemäßen Verhaltensweisen der Tiere in einer natürlich nachgestalteten Umwelt zeigte. Ausdruck dessen waren Felsenanlagen und der Laufgang zum Raubtierhaus (1911), der Flugkäfig für Greifvögel (1920), der Pavianfelsen und das Affenparadies (1925) sowie die Stelzvogelwiese 1926. Als die Stadt Dresden 1934 den Zoo übernahm, zählte man rund 5000 Tiere in fast 500 Arten. Das →*Inferno vom 13./14. Februar 1945* zerstörte den Zoo

Giraffen im Dresdner Zoo

mit all seinen Anlagen. Lediglich zwei Kamele, drei Rhesusaffen, ein Stachelschwein, ein Pony, eine Schnappschildkröte und ein Axolot waren nach Kriegsende noch da. Heute beherbergt der Zoo über 2000 Tiere in mehr als 300 Arten. In den letzten Jahren entstanden u. a. der Zoo unter der Erde (1997), das Afrikahaus (1999), die Pinguinanlage (2006), Löwen-Karakal-Anlage (2007), Giraffenanlage (2008) und Katta-Insel (2009), das Prof.-Brandes-Haus (Tropenhaus, 2010), die Schneeleoparden-Anlage (2011) sowie die Anlagen für Erdmännchen und Kleine Pandas (2013). Häuser für Pelikane und Riesenschildkröten sind geplant.

Zwinger

Als Höhepunkt der Barockarchitektur bezeichnen Experten den zu Sachsens berühmtesten Bauwerken zählenden Zwinger (rechteckiger Hof, 107 Meter breit, 116 bzw. 204 Meter lang) zwischen Ostra-Allee und Theaterplatz (Sophienstraße). Mit seinem Kronentor ist er ein unverwechselbares Symbol Dresdens. Vier rechteckige und zwei runde, kupfergedeckte Pavillons (u. a. Französischer Pavillon, Mathematisch-Physikalischer Salon, Deutscher

Der weltberühmte Zwinger aus der Vogelperspektive

Kronentor und Langgalerien in nächtlicher Illumination

Pavillon, Wallpavillon, Glockenspielpavillon), die durch eingeschossige Bogengalerien und die auf der alten Festungsmauer errichtete Langgalerie verbunden sind, umrahmen einen mit Rasen und Brunnen ausgestatteten Hof. Zur →*Elbe* hin wird der Zwinger durch den Semperbau der Gemäldegalerie Alte Meister abgeschlossen. 1709 bis 1732 ließ Friedrich August I., der Starke (1670–1733), diesen Prachtbau des Barock aus Sandstein der Sächsischen Schweiz von dem Architekten Matthäus Daniel Pöppelmann (1662–1736) und dem Bildhauer Balthasar Permoser (1651–1732) errichten. Auf den Kurfürsten, Polen-König und Reichsvikar August den Starken als Bauherrn deuten u. a. der die Weltkugel haltende Herkules Saxonicus auf dem Wallpavillon, die polnischen Adler nebst Königskrone auf dem Kronentor sowie die doppelköpfigen kaiserlichen Adler auf zwei Pavillons hin.

Blick in den Zwingerhof Richtung Wallpavillon

Der reich mit Wasserspielen ausgestattete Zwinger (z. B. im Nymphenbad, 22 Brunnen in der Langgalerie, früherer Grottensaal im Mathematisch-Physikalischen Salon) verfügt über rund 600 Plastiken von außergewöhnlicher Meisterschaft (u. a. heitere Satyre und Faune, Putten, Götter und Helden). Die Bezeichnung Zwinger verweist auf den Bauplatz zwischen äußerer und innerer Festungsmauer. Ursprünglich dachte man nur an eine Orangerie zum Schutz der kostbaren südländischen Ziergehölze im Winter. Dann erweiterte August der Starke seine Pläne um eine großartige, bis zur Elbe reichende Schlossanlage, die jedoch nach seinem Tode nicht weiter verfolgt wurden. Noch während seiner Erbauung war der Zwinger Schauplatz großartiger Festlichkeiten (Vermählung des sächsischen Kurprinzen 1719, Karnevalsfeierlichkeiten 1722). Dafür errichtete man provisorische Gebäude aus Holz. Erst in den Jahren 1847 bis 1855 konnte die Elbseite durch den Museumsbau von Gottfried Semper (1803–1879) geschlossen werden. Bereits in den Jahren 1924 bis 1936 war die vierte Restaurierung der Barock-Anlage notwendig, wurde auch ein Glockenspiel aus Meissener Porzellan® (25 Glocken, seit 1963 sogar 40 Glocken) installiert. Sofort nach der Zerstörung im →*Inferno vom 13./14. Februar 1945* begannen unter Hubert Ermisch (1883–1951), Max Zimmermann (1881–1962) und Arthur Frenzel (1899–1975) Maßnahmen des Wiederaufbaus, die jedoch erst 1965 zum Abschluss kamen. Seit 1991 kümmert sich die wieder gegründete Zwingerbauhütte um die laufenden Instandsetzungsarbeiten. Heute beherbergt der dem Freistaat Sachsen gehörende Zwinger, der über vier Durchgänge auf seinen Hauptachsen zu begehen ist, mehrere große →*Museen* der Staatlichen Kunstsammlungen, finden im Sommer u. a. Freiluftkonzerte statt.

Kleine Chronik von 1206 bis heute

1206	31. März. Erste urkundliche Erwähnung des Ortsnamens als Drezdany.
1216	21. Januar. Dresden in einer Urkunde erstmals als „civitas" (Stadt) bezeichnet.
1234	Erste Erwähnung der Nikolaikirche – ein Vorgängerbau der →*Kreuzkirche* (Weihe als Kreuzkirche am 10. Mai 1388).
nach 1250	Gründung des Bartholomäus-Hospitals.
1268	In einer Urkunde wird der markgräfliche Hof („curia") erwähnt. Eine Burg entstand wahrscheinlich bereits um 1000.
1272	Erste Erwähnung des Franziskanerklosters auf dem Gebiet der späteren Sophienkirche.
1274	Markgraf Heinrich der Erlauchte (um 1215–1288) erwählt Dresden zu seinem ständigen Sitz.
1275	Erste Erwähnung der Elbbrücke, ab 1287 als Stein-Bauwerk bezeugt.
1286	Stiftung des Maternihospitals.
1289	Erstmals ist die →*Frauenkirche* in einer Urkunde genannt.
1295	Das spätere Rathaus auf der Nordseite des →*Altmarktes* wird erstmals als Kaufhaus (Gewandschneider) erwähnt.
1300	6. April. Erste urkundliche Erwähnung der Kreuzschule.
1309	Ältestes Dresdner Stadtsiegel. Auf dieses geht das im 16. Jh. entwickelte Stadtwappen zurück.
1310	Erste nachweisbare Pestepidemie (weitere u. a. 1349/50, 1507, 1540, 1607, 1631/34, 1680).
1349	24. Februar. Beginn der Judenverfolgungen mit Verbrennungen (weitere Verfolgungen und Vertreibungen u. a. 25. Februar 1430).
1350	Altendresden (heutige Innere →*Neustadt*) als selbstständige Siedlung „Antiqua Dressdin" erwähnt. Am 21. Dezember 1403 wird Altendresden das Stadtrecht verliehen.
1361	27. Oktober. Beutler und Schuhmacher gründen ihre Innung.
1396	Laut Geschossregister zählt Dresden ohne Altendresden und Vorstädte 3745 Einwohner.
1404	24. Oktober. Stiftung des Augustinerklosters in Altendresden.
1407	Bildung von Zünften der Schuster, Bäcker, Kürschner, Schneider und Schmiede. Erstmalige Erwähnung eines Jahrmarktes.
1421	Dreikönigskirche erstmals erwähnt.

1423 Markgraf Friedrich der Streitbare (1370–1428) erhält das Herzogtum Sachsen und die Kurwürde.

1424 Die sorbische Sprache ist vor Gericht nicht mehr zugelassen. Eindeutschung des Sorbischen im Dresdner Raum beendet.

1429 13. Oktober. Zerstörung Altendresdens und der Vorstädte durch Hussiten.

1434 14. Oktober. Erster urkundlicher Nachweis über den →*Striezelmarkt.*

um 1450 Erste Feuerordnung.

1455 Jakobshospital erstmals erwähnt. 17. September. Dresden erhält das Niederlags- und Stapelrecht.

1467 12. Juni. Als erste Apotheke Dresdens wird die „Marien-Apotheke" gegründet.

1470/71 Mittelalterliche Burg wird zum gotischen Wohnschloss umgebaut.

1474 2. Oktober. Erste Statistik vermerkt 427 Häuser und 26 Freihäuser (10 von Edelleuten, 13 von Mönchen, 3 Seelhäuser) mit rund 3500 Einwohnern in der Stadt, 700 in Vorstraßen und 1000 in Altendresden. Erstmalige Erwähnung der „Christbrode" bzw. „Striezel".

1476 Eine der ersten hölzernen Wasserleitungen wird von der →*Dresdner Heide* zum Augustinerkloster angelegt. 1541 baut man die erste Plauensche Rohrwasserleitung von der Weißeritz zum Altmarkt.

1485 Spaltung des wettinischen Gesamtbesitzes in der Leipziger Teilung. Herzog Albrecht (1443–1500) nimmt Dresden zur Residenz. Sie bleibt fortan ständige Haupt- und Residenzstadt der albertinischen Wettiner.

1491 15./16. Juni. Ein Stadtbrand zerstört Dresden. Herzog Albrecht erlässt im Herbst die erste Bauordnung.

1510 Anstellung des ersten Stadtphysikus.

1520 Die ab 1511 erneuerte Elbbrücke wird fertiggestellt. Bau neuer Befestigungsanlagen um Dresden bis 1529.

1524 In Dresden wird das erste Buch gedruckt.

1535 Der von Herzog Georg (1471–1539) initiierte Georgenbau des Schlosses mit dem „Dresdner Totentanz" (27 halberhabene Sandsteinfiguren) vollendet.

1539 6. Juli. Festgottesdienst zur Einführung der von Dr. Martin Luther (1483–1546) ins Leben gerufenen Reformation in der Kreuzkirche.

1546 Herzog/Kurfürst Moritz (1521–

1553) lässt bis 1551 ein mächtiges Fortifikationssystem mit Steinwällen und Bastionen errichten, das bis zum 19. Jahrhundert besteht.

1548 Kurwürde für Herzog Moritz.

1549 Eingemeindung Altendresdens (heute Neustadt) durch Kurfürst Moritz, Sitz des Magistrats ist linkselbisch.

um 1553 Erste Dresdner Stadtansicht (Federzeichnung von Heinrich Cleef)

1560 Kurfürst August (1526–1586) legt im Westflügel des *Residenzschlosses* die Kunstkammer an, die zur Keimzelle aller in den nächsten Jahrhunderten entstehenden Kunstsammlungen wird.

1574 Ein Erdbeben, das „zwei Vaterunser lang" dauert, erschüttert Dresden.

1577 Erstmals Vogelwiese auf der Wiese vor dem Ziegelschlag veranstaltet.

1586 6. Juni. Unter Kurfürst Christian I. (1560–1591) wird der Grundstein für den →*Stallhof* gelegt.

1591 Bau des Pirnaischen Tores, Anlage des Herzogin Gartens.

1601 9. Oktober. Hinrichtung des kursächsischen Kanzlers Dr. Nikolaus Krell (geb. um 1551) auf dem Jüdenhof.

1602 24. Juni. Weihe der ehem. Franziskanerklosterkirche als Ev.-Luth. Sophienkirche.

1603 Dresden hat 14 793 Einwohner.

1615 Heinrich Schütz (1585–1672) – der „Vater der deutschen Musik" – wird als kurfürstlich-sächsischer Hofkapellmeister nach Dresden berufen.

1618 23. Mai. Mit dem Prager Fenstersturz beginnt der Dreißigjährige Krieg.

1655 5./7. Februar. Großes Elbehochwasser.

1676 Beginn der Anlage des →*Großen Gartens* (1683 Fertigstellung des Palais).

1679 Erste wichtige Dresdner Stadtchronik von Anton Weck (1623–1680).

1697 Kurfürst Friedrich August I., der Starke (1670–1733), seit 1694 regierend, konvertiert zum katholischen Glauben und erwirbt als König August II. die polnische Krone.

1700 Einführung des Gregorianischen Kalenders.

1708 Erfindung des europäischen Porzellans (Meissener Porzellan®) im Laboratorium auf der Jungfernbastei unter Leitung von Johann Friedrich Böttger (1682–1719).

1710 Baubeginn des →*Zwingers* unter Leitung von Matthäus Daniel Pöppelmann (1662–1736); vollendet 1732.

1711 Fertigstellung des →*Taschenbergpalais* (Bau ab 1707) für Augusts Mätresse Anna Constantia Gräfin von Cosel (1680–1765).

1714 Dresdens älteste Zeitung, das „Diarium Dresdense“, erscheint.

1726 26. August. Grundsteinlegung für den Bau der neuen Frauenkirche unter George Bähr (1666–1738); vollendet 1743.

1739 Beginn der Bauten und Gartenanlage für Sachsens Premierminister Heinrich Graf von Brühl (1700–1763) – die spätere →*Brühlsche Terrasse*.

28. Juli. Grundsteinlegung für die von Gaetano Chiaveri (1689–1770) errichtete →*Katholische Hofkirche*; vollendet 1754.

1756 9. September. Preußen erobert Dresden zu Beginn des Siebenjährigen Krieges (1760 wird dann die halbe Stadt zerstört).

1806 Französische Truppen besetzen Dresden. Sachsen wird unter Friedrich August III. bzw. als König I. (1750–1827) Königreich von Napoleons Gnaden.

1815 Sachsens Krone tritt an Preußen die Hälfte ihres Territoriums ab.

Gründung der Chirurgisch-medizinischen Akademie (Vorläufer des Universitätsklinikums).

1828 Gründung der Technischen Bildungsanstalt (Vorläufer der Technischen Universität)

1839 7./8. April. Inbetriebnahme der ersten deutschen Ferneisenbahn Dresden – Leipzig.

1871 Grundsteinlegung für das Königlich-Sächsische Hoftheater, vollendet 1878. Die erste, vorherige Oper Gottfried Sempers (1803–1879) war 1869 niedergebrannt.

1889 Johann Heinrich Ernemann (1850–1928) beginnt den Kamerabau.

ab 1892 Beginn von Eingemeindungen, die ihren Höhepunkt 1921 erreichen.

1900 396 146 Einwohner

1901 Erste Bergschwebebahn der Welt in →*Loschwitz*

1912 22. Dezember. Hans Stosch (1873–1934), Gründer des legendären „Zirkus Sarrasani“ weiht in der Neustadt das „Circus-Theater der 5000“ (29 Meter hoch, 3860 Plätze) ein – den modernsten Zirkus Europas.

1918 13. November. Abdankung des sächsischen →*Königs Friedrich August III.* (1865–1932) und Abschaffung der Monarchie. Dresden wird Hauptstadt des Freistaates Sachsen.

1933 Machtübernahme der Nationalsozialisten, Vertreibung von Juden,

Kommunisten und Sozialdemokraten aus öffentlichen Ämtern und Funktionen.

1938 9./10. November. In der Reichspogromnacht gegen jüdische Bürger wird die von Semper 1838 bis 1840 gebaute Synagoge in Brand gesetzt.

1939 1. September. Ausbruch des Zweiten Weltkrieges. 630 216 Einwohner.

1945 13.–15. Februar. Im →*Inferno* englischer und amerikanischer Bomber werden mindestens 25 000 Menschen getötet, 15 Quadratkilometer Innenstadt zerstört.

8. Mai. Einmarsch der Roten Armee, Sowjetische Militäradministration. Im Dezember 454 250 Einwohner.

1946 Beginn des Wiederaufbaus Dresdens.

1949 7. Oktober. Gründung der DDR als Akt endgültiger kommunistischer Machtübernahme.

1952 27. Juli. Auflösung der Länder in der DDR. Sachsen zerfällt in drei Bezirke, Dresden wird Bezirkshauptstadt.

1953 17. Juni. Volksaufstand. Demonstrationen und Verhaftungen auch in Dresden.

1965 Als erstes historisches Bauwerk erstrahlt der Zwinger wieder in alter Pracht.

1976 Baustart für das Wohnbaugebiet Dresden-Prohlis in DDR-typischer Plattenbau-Einheitsarchitektur.

Ab 1981 entsteht ein noch größeres Wohnballungsgebiet dieser Art in Dresden-Gorbitz.

1985 13. Februar. Wiedereröffnung der →*Semperoper* (Aufbau ab 1977).

1986 Beginn des Wiederaufbaus des Dresdner Schlosses (das rund 340 Millionen Euro teure Vorhaben ist noch nicht abgeschlossen).

1989 Friedliche Revolution in der DDR. In Dresden stellt sich die am 8. Oktober aus Demonstranten auf der Prager Straße hervorgegangene Bürgervertretung „Gruppe der 20" an die Spitze der demokratischen Umgestaltung.

1990 Erste freie und demokratische Kommunalwahlen seit 1949. Mit Einführung der Länderstruktur wird Dresden Landeshauptstadt des Freistaates Sachsen.

1995 Einweihung der Siemens-Chipfabrik (heute Infineon Technologie mit 2000 Arbeitsplätzen).

31. März. Eröffnung des seit 1992 aufgebauten Taschenbergpalais als Grandhotel Kempinski Dresden.

1997 Start der Bauarbeiten zum Südabschluss des Altmarktes.

1999 Einweihung des seit 1996 errichteten AMD-Mikroprozessorenwerkes (2009 Auslagerung in das neue Unternehmen Globalfoundries, ca. 4000 Arbeitsplätze). Abschluss der ab 1997 betriebenen Eingemeindungen (acht Gemeinden mit rund 35 000 Einwohnern).

2001 9. November. Weihe der neuen Synagoge Dresdens (Grundsteinlegung 21. Juni 2000; 21,5 Millionen Mark Baukosten).

11. Dezember. Einweihung der Gläsernen Manufaktur der Volkswagen AG (ca. 500 Arbeitsplätze).

2002 13.–19. August. →*Jahrtausendflut.* Zuerst richtet die aus dem Erzgebirge kommende Weißeritz im Stadtzentrum große Schäden an. Dann überflutet die Elbe, die am 17. August gegen 7 Uhr ihren Höchststand mit 9,40 m (Pegel Dresden) erreicht, Teile Dresdens.

2004 2. Juli. Das Dresdner Elbtal zwischen Pillnitz und Übigau (19,5 km lang, 19,3 Quadratkilometer Fläche) wird von der UNESCO-Welterbekommission in den Rang einer Welterbestätte erhoben (Streichung aus der Liste 2009 wegen des Baus der →*Waldschlößchenbrücke*).

31. Dezember. Dresden hat 480 347 Einwohner.

2005 30. Oktober. Weihe der seit 1993 mit 197,7 Millionen Euro (über eine Million Spender aus aller Welt) denkmalpflegerisch getreu rekonstruierten →*Ev.-Luth. Frauenkirche.*

2006 1. September. Wiedereröffnung des Historischen Grünen Gewölbes (das Neue Grüne Gewölbe öffnete am 7. September 2004). Für beide gab der Freistaat Sachsen 45 Millionen Euro. Im gleichen Jahr feierte Dresden sein 800-jähriges Stadtjubiläum.

2010 20. Juni. Wiedereröffnung des Albertinums auf der Brühlschen Terrasse für Galerie Neue Meister, Skulpturensammlung und Depot der Staatlichen Kunstsammlungen

2012 Technische Universität wird eine von elf deutschen Exzellenz-Universitäten (Förderung bis 2017).

2013 24. August. Fertigstellung der →*Waldschlößchenbrücke.*

Quellen

Delau, Reinhard; Schöner, Jörg: Taschenberg-Palais Dresden. – Mitteldeutscher Verlag Halle 1995

Dresdner Geschichtsbuch. Band 1–18. – DZA Altenburg 1995–2013

Helfricht, Jürgen: Astronomiegeschichte Dresdens. – Hellerau Dresden 2001

Helfricht, Jürgen: Casanovas ergötzliche Abenteuer in Sachsen. – Tauchaer Taucha 1997

Helfricht, Jürgen: Das Königliche Dresden. – Husum Husum 2011

Helfricht, Jürgen: Die Dresdner Frauenkirche – Eine Chronik von 1000 bis heute. – Husum Husum 8. Auflage 2014

Helfricht, Jürgen: Die Synagoge zu Dresden. – Tauchaer Taucha 2001

Helfricht, Jürgen: Die Wettiner. Sachsens Könige, Herzöge, Kurfürsten und Markgrafen (Taschenlexikon). – Sachsenbuch Leipzig 5. Auflage 2012

Helfricht, Jürgen: Dresden & seine Kirchen. – Evangelische Verlagsanstalt Leipzig 2005

Helfricht, Jürgen: Dresdner Kreuzchor und Kreuzkirche – Eine Chronik von 1206 bis heute. – Husum Husum 2004

Helfricht, Jürgen: Dr. med. Heinrich Lahmann (1860–1905) und sein berühmtes Sanatorium im Dresdner Stadtteil Bad Weißer Hirsch. In: Lahmanns Dresdner Kochbuch & Lahmann-Biografie. – Ed. Krickau Dresden 2001

Helfricht, Jürgen: Kleines ABC des Meissener Porzellans®. – Husum Husum 2. Auflage 2012

Helfricht, Jürgen: Sächsisches Spezialitäten-Backbuch. Schlemmer-Rezepte von Dr. Quendt. – Husum Husum 6. Auflage 2013

Helfricht, Jürgen: Traumroute Elbtal. Unterwegs mit der Sächsischen Dampfschiffahrt. – Husum Husum 2013

Koepert, Otto; Pusch, Oskar (Hrsg.): Die Dresdner Heide und ihre Umgebung. – C. Heinrich Dresden 1932

Löffler, Fritz; Pritsche, Willy: Der Zwinger in Dresden. – E. A. Seemann Leipzig 5. Auflage 2004

Magirius, Heinrich: Die Semperoper Dresden. – Edition Leipzig 2004

Marx, Harald; Weber, Gregor J. M.: Gemäldegalerie Alte Meister Dresden. – Deutscher Kunstverlag München 1992

Sarfert, Hans-Jürgen: Hellerau die Gartenstadt und Künstlerkolonie. – Hellerau Dresden 1992

Stein, Marion: Friedhöfe in Dresden. – Verlag der Kunst Dresden 2000

Steindorf, Eberhard: Die Sächsische Staatskapelle. – Henschel Berlin 1997

Stimmel, Folke u. a.: Stadtlexikon Dresden A–Z. – Verlag der Kunst Dresden 1994

Syndram, Dirk: Das Schloss zu Dresden – Von der Residenz zum Museum. – E. A. Seemann Leipzig 2012

Walther, Angelo: Die Sixtinische Madonna. – E. A. Seemann Leipzig 1994

Weiß, Norbert; Wonneberger, Jens: Dichter Denker Literaten aus sechs Jahrhunderten in Dresden. – Die Scheune 1997

Wonneberger, Jens: Pfunds Molkerei – Dresdens gläserne Milchfabrik. – be.bra Berlin 1999

Wozel, Heidrun: Der Dresdner Striezelmarkt. – Husum Husum 2009

Zumpe, Manfred: Die Brühlsche Terrasse in Dresden. – Verlag für Bauwesen Berlin 1991

Inhalt

Umschlaggestaltung unter Verwendung von Fotos aus dem Buch

Bibliografische Information Der Deutschen Nationalbibliothek

Die Deutsche Nationalbibliothek verzeichnet diese Publikation in der Deutschen Nationalbibliografie; detaillierte bibliografische Daten sind im Internet über http://dnb.dnb.de abrufbar.

Abbildungsnachweis

Alle Fotos und Reproduktionen von Jürgen Helfricht, außer: Automobilmanufaktur Dresden GmbH S. 48, 49; Baywobau Dresden S. 125; Hans-Ludwig Böhme/Die Herkuleskeule S. 22; Kai-Uwe Schulte-Bunert/Staatsoperette Dresden S. 113; Matthias Creutziger/Sächsische Staatskapelle S. 109; Prof. Jörg Friedrich/PFP Architekten Hamburg S. 113; Ulrich Häßler S. 34; Oliver Killig/Dresdner Musikfestspiele S. 27; Luftbild-Service Angermann S. 29, 31, 81, 100, 130; Jürgen Männel S. 83; Sebastian Männel S. 117; Melitta Europa GmbH & Co. KG S. 32; Hans-Joachim Mirschel S. 67; Karl-Ludwig Oberthür/Dresdner Musikfestspiele S. 26; Privatarchiv Familie von Ardenne S. 33; Christoph Reichelt/Blickpunkt-Studio 2 S. 16, 17; Semper Opernball e. V. S. 111; Sächsische Dampfschiffahrts GmbH & Co. Conti Elbschiffahrts KG S. 102; Willy Rentsch S. 51, 72, 73; Holm Röhner S. 58, 59, 61, 62, 75, 86, 87, 97, 112, 114, 119, 121,131; Dirk Sukow S. 36, 54, 55; Taschenbergpalais Kempinski Dresden S. 120

2., vollständig überarbeitete Auflage 2014

Gesamtherstellung: Husum Druck- und Verlagsgesellschaft
Postfach 1480, D-25804 Husum – www.verlagsgruppe.de

ISBN 978-3-89876-719-4

große Ostra Gehege
Albert Hafen
Ostra Vorwerk
Städt. Krankenhaus
Palais Garten
E L B E
Schützen Platz
Marstall
Theater
Schloß
Platz
Städt. Straßen Bahnhof
Markt
Friedrichs Ring
Fisk Kohlenbahnhof
Gambrinus
Brauerei
Güter Bahnhof
Papier Fabrik